Avril Rowlands

Wozu braucht ein Eisbär Honig?

Neue Geschichten aus der Arche

BRUNNEN
VERLAG GIESSEN · BASEL

Die englische Originalausgabe erschien unter dem Titel
„More Tales from the Ark"
bei Lion Publishing, Oxford
© 1995 Avril Rowlands
Illustrationen: © 1995 Rosslyn Moran

Aus dem Englischen von Barbara Trebing
Lektorat: Eva-Maria Busch

Die Deutsche Bibliothek – CIP-Einheitsaufnahme

Rowlands, Avril:
Wozu braucht ein Eisbär Honig? :
Neue Geschichten aus der Arche / Avril Rowlands.
[Aus dem Engl. von Barbara Trebing].
– Giessen ; Basel : Brunnen-Verl., 1996
ISBN 3-7655-6553-9

© der deutschen Ausgabe
1996 Brunnen Verlag Gießen
Umschlagmotiv: Thomas Vogler
Umschlaggestaltung: Ralf Simon
Satz: Rücker & Schmidt, Langgöns
Herstellung: Ebner Ulm
ISBN 3-7655-6553-9

Inhalt

Herr Noah
macht sich Sorgen

Herr Noah machte sich große Sorgen. Das tat er schon, seit Gott die Katze aus dem Sack gelassen hatte. Keine richtige Katze natürlich – nein, Gott hatte Herrn Noah eine Nachricht übermittelt, die sein ganzes Leben auf den Kopf gestellt hatte.

„Ich fürchte", so hatte Gott gesagt, „ich werde die Erde und alles, was darauf lebt, vernichten müssen, denn es gefällt mir nicht, wie es dort zugeht. Aber dich will ich retten, Herr Noah, und deine Frau auch und deine Söhne mit ihren Frauen. Und von allen Tieren, die es auf der Erde gibt, werde ich mindestens je zwei verschonen, ein Männchen und ein Weibchen."

Dann hatte Gott ihm befohlen, aus Holz ein großes Schiff zu bauen, eine Arche. Darin würden Herr Noah, seine Familie und die Tiere in Sicherheit sein, wenn Gott die große Flut schickte.

„Und du, Herr Noah", hatte Gott hinzugefügt, „wirst dich in meinem Auftrag um die Tiere kümmern, denn sie sind alle sehr wichtig. Ich verlasse mich auf dich, daß du sie gut versorgst."

Herr Noah war sehr erschrocken, als er begriff, was Gott ihm da gerade gesagt hatte: die ganze Erde

9

vernichten? Außerdem machte er sich Sorgen wegen der Arbeit, die Gott ihm aufgetragen hatte. Darum versuchte er, Gott umzustimmen.

„Ich freue mich, daß du mich retten willst, Herr, das kannst du mir glauben. Aber ich bin ganz und gar nicht überzeugt, daß ich der richtige Mann für diese Aufgabe bin. Ich habe noch nie ein Tier gehabt außer den beiden Katzen, und die hatte ich auch nur wegen der Mäuse im Haus. Außerdem mache ich mir eigentlich gar nichts aus Tieren. Du wirst bestimmt jemanden finden, der sich besser für diesen Job eignet."

Aber Gott wollte ausgerechnet Herrn Noah.

„Aber ich bin gar nicht gut im Organisieren, Gott", sagte Herr Noah. „Und für solch eine Reise brauchst du jemanden, der wirklich gut planen kann. Ich verliere viel zu schnell den Überblick."

Aber Gott antwortete nicht, er hatte volles Vertrauen zu Herrn Noah.

„Schließlich bin ich kein junger Mann mehr", erklärte Herr Noah am Abend seiner Frau. „Gott hätte sich für diese Arbeit einen Jüngeren aussuchen sollen." (Herr Noah hatte nicht unrecht, denn er hatte vor kurzem seinen sechshundertsten Geburtstag gefeiert. So alt konnte man damals werden.)

„Einen *Jüngeren* vielleicht", widersprach seine Frau. „Aber einen *Besseren* hätte er sicher nicht finden können. Und außerdem hat er dich gewollt, da kannst du nichts machen. Also leg dich jetzt hin und versuch ein bißchen zu schlafen."

Aber Herr Noah konnte in dieser Nacht nicht schlafen. Er wälzte sich im Bett herum und machte sich alle möglichen Gedanken. Plötzlich richtete er sich kerzengerade auf.

„Kannst du mir vielleicht sagen, was Ameisenbären fressen?" fragte er.

Doch seine Frau schnarchte leise neben ihm und gab keine Antwort.

Seit jenem außergewöhnlichen Tag hatte Herr Noah nachts kaum noch schlafen können. Die Tage vergingen, und seine Sorgen wuchsen.

„Autsch!" schrie er, als er sich zum dritten Mal mit dem Hammer auf den Daumen schlug.

„Hör mal, Vater", meinte Sem, sein ältester Sohn, „warum gehst du nicht zum Haus und begrüßt die Tiere, die ankommen? Wir kümmern uns schon um die Arche."

Ham und Jafet, seine anderen beiden Söhne, nickten zustimmend.

„Du hast doch bestimmt noch eine Menge anderer Dinge zu tun", meinte Sem taktvoll.

„Und du weißt genau, daß du handwerklich nicht besonders geschickt bist." Ham war immer sehr direkt.

Herr Noah sah die drei trotzig an. „Gott hat aber *mir* befohlen, die Arche zu bauen", erwiderte er.

Sem, Ham und Jafet warfen sich einen vielsagenden Blick zu und machten sich wieder an die Arbeit.

Es vergingen ein paar Minuten, und dann ...
„Autsch!" schrie Herr Noah, weil er sich zum vierten Mal auf den Daumen gehämmert hatte.

„Vater, bitte ...", begann Sem.

Genau in diesem Augenblick rief Frau Noah: „Noah, komm doch einmal her. Da sind gerade zwei Flamingos angekommen. Sie wollen unbedingt mit dir reden. Sie scheinen irgendwie verärgert."

Herr Noah kletterte von der Arche herunter. Im Grunde war er ganz froh, daß er nun eine Entschuldigung hatte. Er kehrte an diesem Tag auch nicht wieder zur Baustelle zurück. Nachdem er mit den Flamingos geredet hatte, mußte er erst einmal die Schimpansen aus seinem Weinberg vertreiben. Dann kamen die Biber und begannen in dem Bach, der Noahs Hof mit Wasser versorgte, einen Damm zu bauen. Die Emus waren eingeschnappt, als sie sahen, wo sie übernachten sollten, und einer der Eisbären wurde ohnmächtig, weil er die Hitze nicht gewöhnt war.

So hatte Herr Noah alle Hände voll zu tun. Es gab noch so vieles zu erledigen, und es blieb nicht mehr allzuviel Zeit.

„Könntest du nicht ein paar von den Tieren bitten, dir zu helfen?" schlug seine Frau beim Abendessen vor. „Die netten Elefanten haben unseren Söhnen doch schon angeboten, beim Bauen mit anzufassen, und sogar die Affen haben gesagt, sie könnten helfen und die Werkzeuge aufheben, die herunterfallen. Bei denen weiß ich zwar nicht so recht … sie machen immer so ein höhnisches Gesicht."

„Die Biber würden auch gern helfen", sagte Jafet.

„Nein, das geht nicht", widersprach Herr Noah. „Gott hat *mir* den Auftrag erteilt, und *ich* muß die Arbeit selbst machen."

„Aber du baust die Arche doch sowieso nicht allein", warf seine Frau ein. „Unsere Söhne helfen dir dabei."

„Ja, schon", mußte Herr Noah zugeben. „Aber vielleicht hätte ich es allein versuchen sollen."

„Dann würde die Arche bestimmt untergehen", meinte Ham.

„Sei nicht so frech zu deinem Vater!" schimpfte die Mutter, aber Herr Noah hörte schon gar nicht mehr zu.

Wie sollte er denn dafür garantieren, daß wirklich je ein Männchen und ein Weibchen von jeder Tierart rechtzeitig an Bord der Arche gelangten? Was, wenn ein paar fehlten? Ob Gott ihm das je verzeihen würde?

Auf jeden Fall schien die Nachricht sich schon herumgesprochen zu haben, denn allmählich trafen immer mehr Tiere ein. Tag und Nacht meldeten sie sich auf Herrn Noahs Hof, und er wußte schon kaum mehr, wo er sie alle unterbringen und womit er sie füttern sollte, und die beiden Schimpansen entwischten immer wieder in seinen Weinberg und fraßen die Trauben ab.

Überhaupt das Futter. Das war sein größtes Problem. Wo sollte er genug Futter für so viele Tiere herbekommen? Stundenlang saß Herr Noah da und legte lange Listen an, in denen er sich notierte, wovon die einzelnen Tierarten sich ernährten. Es war eine recht deprimierende Geschichte, denn viele der Tiere waren es gewohnt, *einander* zu fressen.

Und dann war da noch die Arche selbst, deren Bau nicht so recht vorwärts gehen wollte, weil Herr Noah viel zuviel zu tun hatte, um auch noch die Bauarbeiten zu überwachen.

Die Listen in Herrn Noahs Büro stapelten sich, und auch seine Sorgen wurden immer größer. Er reagierte zunehmend gereizter, und seine Söhne und ihre Frauen und sogar Frau Noah selbst begannen ihm aus dem Weg zu gehen.

Je näher der Tag rückte, an dem sie alle die Arche besteigen sollten, desto nervöser wurde Herr Noah.

„Die Arche wird niemals rechtzeitig fertig werden", dachte er und hämmerte sich auf Daumen und Finger, weil er meinte, er müsse noch schneller arbeiten.

„Das Futter wird nie rechtzeitig hier eintreffen", dachte er und schickte immer neue Bestellungen los.

Und dann, an einem besonders furchtbaren Nachmittag, als es den Bibern endlich doch gelungen war, einen Damm im Bach zu errichten, so daß Noahs Felder austrockneten, und als die Weinberge – in denen sowieso keine Trauben mehr zu finden waren – von den Nilpferden und den Elefanten völlig zertrampelt wurden, da gab er auf.

Er legte seine Arbeit nieder und setzte sich mitten in die Überreste seines einst so schönen Bauernhofs. Voller Trauer dachte er an sein früheres Leben und daran, wie er sich jedes Jahr gefreut hatte, wenn die Weintrauben in der warmen Sommersonne prall und rund wurden. Sicher, manchmal hatte er sich über die harte Arbeit beschwert, aber im großen und ganzen war er doch recht zufrieden gewesen mit seinem Leben. Noahs Augen wurden feucht, und schließlich tropften zwei dicke Tränen auf die Liste, die er in den

Händen hielt. Er war eigentlich viel zu alt für solche Aufregungen, und die ganze Sache machte ihm fürchterliche Angst.

„Ich kann es nicht", dachte er, als er die Schimpansen erblickte, die sich nach Flöhen absuchten. „Soll ich eigentlich auch zwei Flöhe mit auf die Arche nehmen?" Von Flöhen hatte Gott gar nichts gesagt ... Herr Noah stützte den Kopf in die Hände und stöhnte. „Ich kann es nicht."

Dann sprang er plötzlich auf und begann wie wild hin und her zu laufen. „Ich kann es nicht, ich kann es nicht, ich kann es nicht! Gott muß sich jemand anders suchen. Noch ist es nicht zu spät."

„Noah."

Das war Gottes Stimme, aber Herr Noah hörte ihn zuerst gar nicht; er war viel zu aufgeregt.

„Noah, hör mir einmal zu."

„Oh, Gott, bist du das?" platzte Herr Noah heraus. „Wo warst du denn die ganze Zeit? Ich war so verzweifelt und hab mir solche Sorgen gemacht. Ich habe richtig Angst. Ich will ja nicht kneifen, und ich kann auch gar nicht kneifen. Aber die Arbeit, die du mir da aufgetragen hast, die schaffe ich einfach nicht. Ich will nicht in der Flut umkommen, aber irgendwie ist das alles zuviel für einen alten Mann. Und außerdem – ich mag gar keine Tiere. Du solltest nur mal sehen, wie manche sich aufführen! Bitte, Gott, such dir jemand anders."

„Noah", sagte Gott geduldig. „Halte einmal für

einen Augenblick den Mund. Setz dich hin und sei ganz still."

Herr Noah tat, was Gott gesagt hatte, und fühlte sich sofort ein bißchen besser.

„Also, hörst du mir zu?"

„Ja, Herr."

„Gut. Ich wollte dir schon die ganze Zeit über helfen, aber du hast mir gar keine Gelegenheit gegeben."

„Nein?"

„Nein. Du warst viel zu sehr damit beschäftigt, alles selbst zu regeln."

„Wirklich?"

„Ja."

„Oh", sagte Herr Noah. „Ich dachte, das erwartest du von mir."

„Du hättest mich fragen sollen, Noah", sagte Gott.

„Du hast dich nicht oft blicken lassen", murmelte Herr Noah. Dann schämte er sich. „Wahrscheinlich hattest du auch recht viel zu tun."

„Ich habe nie so viel zu tun, daß ich dir nicht helfen könnte", erwiderte Gott. „Solange du mir vertraust, wird alles gut werden."

„Ja, Herr", antwortete Herr Noah kleinlaut.

„Und? Vertraust du mir?" wollte Gott wissen. Und es schien Herrn Noah, wie er da so mitten in seinem zerstörten Weinberg in der Sonne saß, als sei das die wichtigste Frage, die ihm je gestellt worden war. Er dachte zurück an sein langes Leben, wie er schon als Kind mit all seinen kleinen und großen Anliegen zu

Gott gegangen war. Und Gott hatte ihn nie enttäuscht, mußte er zugeben. Nicht ein einziges Mal. Es
dauerte lange, bis Herr Noah wieder den Mund auf-
machte.

„Ja", sagte er schließlich. „Ja, Gott, ich vertraue
dir."

„Na also", sagte Gott. „Dann brauchst du dir auch keine Sorgen zu machen. Und übrigens", fügte Gott noch hinzu, „ich habe dir eine Menge Helfer zur Seite gestellt. Du brauchst wirklich nicht alles allein zu schaffen."

„Ja, Herr, ich weiß", seufzte Herr Noah leise.

Herr Noah blieb noch eine ganze Weile sitzen. Ihm war jetzt plötzlich so friedlich zumute wie schon lange nicht mehr. Dann ging er zurück ins Haus und sagte zu seiner Frau und seinen Söhnen, es tue ihm leid, daß er so schlechte Laune gehabt habe. Darüber waren alle so froh, daß sie sich nun noch mehr anstrengten. Und weil sogar ein paar von den Tieren mithalfen, war die Arche bald fertig.

Wenn Herr Noah zwischendurch merkte, daß er sich doch wieder Sorgen machte – vor allem, wenn wieder ein paar von den wilden Tieren ankamen oder wenn sich ihm der Magen zusammenkrampfte, weil er an die Zukunft dachte – und das kam im Laufe eines Tages öfter vor –, dann erfuhr niemand etwas davon außer Gott. Und auf Gott, das wußte Herr Noah jetzt, konnte er sich verlassen, ganz egal, was noch passieren würde.

Eine eigene Kabine, bitte!

Als die Arche fertig war, da begannen Herr Noah und seine Söhne, Futter und Wasser und alles, was man sonst noch für eine so lange Reise braucht, an Bord zu schaffen. Schließlich packte Herr Noah auch für sich selbst ein paar Sachen zusammen und zog sein zweitbestes Gewand an.

„Es hat nicht viel Sinn, die besten Kleider mitzunehmen", erklärte er seiner Frau. „Wir werden auf der Arche viele Schmutzarbeiten zu erledigen haben. Ich glaube jedenfalls nicht, daß all diese Tiere stubenrein sind."

„Mach, was du willst", erwiderte Frau Noah. „Ich jedenfalls will nicht, daß mein bestes Kleid von der Flut ruiniert wird. Dann ziehe ich es schon lieber an!"

Herr Noah wanderte ein letztes Mal durch sein Haus; dann heftete er ein großes Schild an die Haustür:

„Abschließen brauche ich wohl nicht", dachte er traurig. Doch es blieb ihm nicht viel Zeit, um Trübsal zu blasen, denn er hatte nun alle Hände voll zu tun. Am Eingang zur Arche mußte er die Tiere begrüßen und deren Namen auf seiner großen, langen Liste abhaken. Frau Noah stand in ihrem besten Sonntags-kleid neben ihm – sie sah wirklich sehr hübsch aus.

Als alle sicher in der Arche waren, schloß Gott selbst hinter ihnen die Tür zu.

Manche Tiere gewöhnten sich recht schnell an die neue Situation. Sie waren dankbar, daß sie vor den dunklen Sturmwolken, die sich draußen zusammen-ballten, in Sicherheit waren. Ein paar aber kann-ten nichts anderes als Jammern und Klagen. Am schlimmsten war der Pfau.

„Das ist wirklich nichts für unsereiner", beschwer-te er sich und stolzierte mit hoch erhobenem Schna-bel in der großen Halle auf und ab und rümpfte die Nase über den Lärm und Gestank, den die anderen Tiere verbreiteten.

„Mach dir nichts draus, mein Lieber", besänftigte ihn seine Frau, eine eher gewöhnlich aussehende, kleine Henne.

„Was ist nichts für euch?" fragte der Fuchs und beäugte die beiden Haselmäuse. Dabei lief ihm schon das Wasser im Mund zusammen.

„Alles hier", erwiderte der Pfau und schlug ein wunderschönes Rad. „Ich hätte nie geglaubt, daß meine liebe Frau und ich unter solch entwürdigenden Umständen reisen müssen. Ich werde mich beschweren."

„Bei wem?" wollte der Fuchs wissen. „Bei Gott? Der hat im Moment bestimmt anderes zu tun, als sich um deine Beschwerden zu kümmern." Beim bloßen Gedanken daran mußte er lachen. Die Haselmäuse nahmen das erleichtert zur Kenntnis und machten sich aus dem Staub.

„Bei der Geschäftsführung", erwiderte der Pfau würdevoll.

„Was ist denn das?" schnaubte der Büffel. Verächtlich sah der Pfau ihn an. „Ist das vielleicht dieser schäbig gekleidete Mensch, der uns an Bord willkommen geheißen hat. Wenn man das überhaupt Willkommen nennen kann", fügte er hinzu. „Ich stehe nicht gern Schlange – zusammen mit diesem Pöbel."

„Wer ist Pöbel?" erkundigte sich der Esel. „Ich habe noch nie von einem Tier gehört, das so heißt. Aber es gibt natürlich auch sonst eine Menge wunderschöner Tiere hier, von denen ich noch nie etwas gehört habe. Mir sind hier wirklich die Augen aufgegangen."

„Pah!" schnaubte der Pfau und stolzierte davon, um Herrn Noah zu suchen. Seine Frau eilte ihm nach.

„Eingebildeter Gockel!" schimpfte der Büffel. „Wofür hält er sich eigentlich?"

„Seine Frau tut mir leid", sagte die Kaninchenfrau mitfühlend. „Mit dem möchte ich nicht verheiratet sein!"

Der Pfau fand Herrn Noah in seiner Kabine, wo er gerade ein großes Schild malte:

REGELN AUF DER ARCHE

1. Die Passagiere werden gebeten, nicht gegeneinander zu kämpfen.

2. Es ist während der gesamten Reise strengstens verboten, einander zu fressen.

3. Beschwerden sind an mich oder an einen meiner Assistenten, den Löwen oder den Tiger, zu richten.

Herr Noah

Als der Pfau und seine Frau eintraten, blickte Herr Noah auf. „Hallo. Was kann ich für euch tun?"

„Ich will mich beschweren", sagte der Pfau.

„Bitte schön." Herr Noah setzte sich aufs Bett. „Was ist los?"

„Du wirst mir sicher zustimmen, daß mein Federkleid außergewöhnlich prächtig ist", begann der Pfau und schlug in der engen Kabine ein wunderschönes Rad, wobei er Herrn Noahs frisch beschriebenes Schild verschmierte.

„Ja, das stimmt", sagte Herr Noah.

„Ich würde sogar behaupten", fuhr der Pfau fort, „daß auf der ganzen Welt kein Tier mit seinem Schwanz ein so schönes Rad schlagen kann wie ich."

„Durchaus möglich."

„Das ist eine große Verantwortung", erklärte der Pfau, „und ich brauche viel Zeit, um meine Federn zu pflegen."

„Das kann ich mir vorstellen", meinte Herr Noah voller Respekt.

„Dafür brauche ich meinen Frieden, Ruhe und viel Platz", fuhr der Pfau fort. „Aber in der großen Halle ist weder Frieden noch Ruhe, noch Platz."

„Da gebe ich dir vollkommen recht", sagte Herr Noah.

„Herr Noah, ich bin ein sehr empfindsamer Vogel, und ich denke, es ist nicht zuviel verlangt, wenn ich um eine eigene Kabine bitte – mit meiner lieben Frau natürlich …"

Abschätzig sah er sich in Herrn Noahs Kabine um. „…Wenn sie ein bißchen größer wäre als diese hier, das würde mir schon genügen. Und die Mahlzeiten bitte aufs Zimmer. Man kann wirklich nicht von mir verlangen, daß ich zusammen mit den anderen Tieren speise."

Herr Noah seufzte. „Tut mir leid, aber das geht

nicht. Wir haben nicht eine einzige Reservekabine. Schließlich mußten wir eine große Zahl von Tieren unterbringen."

„Aber es ist einfach unzumutbar ...", begann der Pfau von neuem, und seine Stimme wurde etwas schriller.

„Nun, Gott selbst hat die Arche entworfen", entgegnete Herr Noah, „und er hat vorher alles gut geplant. Er läßt nicht verkommen, was er geschaffen hat. Es tut mir leid, aber ich kann für euch wirklich nichts tun."

„Verstehe!" erwiderte der Pfau beleidigt und stürmte aus der Kabine.

„Nun reg dich doch nicht so auf, mein Lieber", sagte seine Frau, die ihm eilig folgte. „Du machst dich nur lächerlich. Das weißt du doch ganz genau."

Herr Noah seufzte wieder. „Oh, Gott", sagte er. „Was soll ich bloß machen? Als ob ich nicht schon genug Probleme hätte."

„Dieses hier wird bald verschwinden", sagte Gott. „Du wirst schon sehen."

Aber das Problem verschwand nicht. Im Gegenteil, es wurde noch viel schlimmer. Der Pfau beschwerte sich den ganzen Tag, und zwar einen Tag um den andern, und bald fingen auch ein paar von den anderen Tieren an zu klagen. Die Giraffen wollten mehr Platz für ihren Kopf, die Nilpferde wollten mehr Wasser, die Pinguine mehr Eis, die Fledermäuse wollten es gern dunkler, und die Schmetterlinge verlangten mehr Licht.

„Man hätte verschiedene Klassen von Unterkünften einrichten sollen", sagte der Emu selbstgefällig.

„Und wonach hätte man sie einteilen sollen?" erkundigte sich der Büffel. „Nach der Länge von deinem Schwanz?"

„Dann hätte ich überhaupt keine Chance", piepste das Meerschweinchen fröhlich. „Ich habe gar keinen."

„Und ich würde jetzt aus der Ersten Klasse geworfen", lachte die Eidechse. „Denn meiner ist gerade abgefallen."

„Wie machst du das nur?" fragte der Esel verdutzt.

Die Eidechse zuckte die Achseln. „Wenn ich Angst habe, dann fällt mir immer der Schwanz ab."

„Wovor hattest du denn jetzt Angst?" wollte das Rhinozeros wissen.

„Wahrscheinlich vor deinem häßlichen Gesicht", erwiderte die Eidechse frech und huschte lachend davon.

„Diese Eidechsen", rümpfte der Emu die Nase. „Kein Benehmen!" Und er wandte sich ab, um den Pfau zu suchen, der ganz am anderen Ende der Halle seine Reden schwang.

„Ich finde, Gott hätte bei der Auswahl etwas sorgfältiger vorgehen sollen", verkündete der gerade, als der Emu herankam. „Wieso wollte er unbedingt *alle*

Tierarten retten, wo wir doch wissen, daß wir auf einige ganz gut verzichten könnten?"

„Auf wen zum Beispiel?" rief die Schwalbe von ihrer Stange herunter.

„Es wäre für Gott doch eine wunderbare Gelegenheit gewesen, einmal ein bißchen aufzuräumen", fuhr der Pfau unbeirrt fort. „Wenn ein paar von diesen plumpen, häßlichen Tieren hätten draußenbleiben müssen, dann hätten wir anderen außerdem alle ein bißchen mehr Platz." Er zog seinen Schwanz unter der Krähe fort, die gerade hereingeflattert kam und sich versehentlich daraufgesetzt hatte.

Allmählich wurden die anderen Tiere das ständige Gejammere des eitlen Pfaus leid, und eines nach dem anderen ging zu Herrn Noah, um sich zu beschweren.

„Es würde mich ja nicht stören, wenn er nur ein kleines bißchen leiser reden würde", meinte der Strauß. „Aber er hat eine so laute, unangenehme Stimme, daß ich richtig Kopfschmerzen davon bekomme."

Es kamen so viele Klagen, daß Herr Noah sich schließlich in seiner Kabine einschloß und gar nichts mehr hören wollte. „Was soll ich nur tun, Gott?" fragte er verzweifelt.

„Mach dir keine Sorgen", erwiderte Gott. „Du brauchst gar nichts zu tun."

„Was meinst du? Ich mache mir aber Sorgen!" entgegnete Herr Noah gereizt. Trotzdem hielt er sich an Gottes Rat und tat erst einmal gar nichts.

Am nächsten Tag erschien der Pfau – zur großen Erleichterung vieler Tiere – nicht in der Halle.

„Wahrscheinlich braucht sein blöder alter Schwanz einen Frühjahrsputz", lachte das Meerschweinchen.

„Ich wünschte, er würde ihm ausfallen", sagte der Otter. „Diese dauernde Angeberei hängt mir schon lange zum Hals heraus."

„Aber er ist wirklich schön", seufzte der Esel. „Ich wünschte, mein Schwanz wäre nur halb so schön."

„Mach dir nichts draus", sagte der Büffel nachdenklich. „Ich weiß, daß ich nicht der Schönste bin, aber wenigstens bin ich nicht eitel."

Am nächsten Tag wurde der Pfau wieder nicht gesehen. Und auch seine Frau fehlte. Am dritten Tag begann Herr Noah ihn zu suchen, aber es dauerte eine ganze Weile, bis er die beiden entdeckte. Sie hatten sich in der hintersten Ecke der Arche versteckt.

Der Pfau schluchzte. „So etwas Schreckliches ist mir noch nie passiert!"

„Nanu, was ist denn los?" fragte Herr Noah.

Die Pfauenfrau wandte sich ihm zu. „Ach, Herr Noah, er schämt sich zu Tode."

„Aber warum? Was ist denn los?" fragte Herr Noah.

Der Pfau kam aus seiner Ecke hervor, in der er sich versteckt hatte, und Herr Noah schnappte nach Luft.

Denn der Pfau hatte keine einzige Schwanzfeder mehr.

„Kahl!" schluchzte der Pfau. „So kann ich mich keinem zeigen. Nein, wirklich nicht!"

„Wie ist denn das passiert?" fragte Herr Noah.

„Jeder Pfau verliert ab und zu seine Schwanz-federn", sagte die Pfauenfrau. „Das ist ganz normal. Ich habe es ihm immer wieder gesagt, aber er wollte nicht auf mich hören. Er hört ja nie auf mich! Viel-leicht hat er es diesmal begriffen", fügte sie etwas bissig hinzu, während der Pfau nur noch lauter schluchzte.

Es bedurfte großer Überredungskünste, bis der Pfau bereit war, Herrn Noah in die große Halle zu folgen. Seine Ankunft rief einen regelrechten Tumult hervor.

Die Krähe fiel vor Lachen fast von ihrer Stange, und der Wasserbüffel verschluckte sich beim Trinken.

„Geschieht ihm recht", meinte die Eidechse, deren eigener Schwanz schon wieder etwas nachgewachsen war.

„Du hättest nicht mal ein Dritte-Klasse-Abteil ver-dient, so, wie du aussiehst", sagte das Rhinozeros unverblümt.

„Schon gut", sagte der Pfau mit weinerlicher Stimme. „Es tut mir leid. Ich dachte, ich wäre schöner als ihr alle, und ich war so stolz auf meinen schönen Schwanz. Ich hätte das alles nicht sagen sollen. Aber es war doch wirklich ein so sch…sch…schöner

Schwanz", fügte er hinzu und begann wieder zu schluchzen.

In diesem Moment ließ der Adler seine mächtige Stimme ertönen. „Ruhe mal eben!"

In der Stille, die nun folgte, konnten sie auf dem Dach der Arche ein trommelndes Geräusch hören.

„Es hat angefangen zu regnen", sagte der Adler und breitete seine weiten Schwingen aus. „Ich meine", sagte er dann, „es sollte sich keiner mehr beklagen. Wir haben doch wohl wichtigere Sorgen als einen Pfauenschwanz – wie schön er auch gewesen sein mag. Wenn wir draußen geblieben wären, dann würden wir in den nächsten Tagen alle umkommen."

An diesem Abend waren die Tiere ungewöhnlich still und nachdenklich.

Wozu braucht
ein Eisbär Honig?

Es regnete nun schon seit vielen Tage. Die Arche wurde von den ansteigenden Fluten emporgehoben und begann sich auf dem Wasser leicht zu wiegen. An Bord war es ziemlich eng, denn die vielen Tiere brauchten eine ganze Menge Platz. Doch nach und nach gewöhnten sie sich aneinander. Bald hatte jedes – oder zumindest fast jedes – Tier ein Plätzchen gefunden, an dem es sich mehr oder weniger wohlfühlte. – Bis auf den Eisbär.

Der Eisbär, der aus einem Land kam, wo es nur sehr wenige andere Tiere gab, war fasziniert von der Menge und Vielfalt der Tierarten, die er entdeckte. Am liebsten hätte er sich mit allen angefreundet, aber er wußte nicht recht, wie er das anstellen sollte.

Also schlich er einfach nur herum, wodurch er die kleineren Tiere ganz nervös machte, aber auch die großen wußten nicht recht, was sie davon halten sollten.

„Was will der eigentlich?" fragte das Rhinozeros mißtrauisch.

„Ich glaube nicht, daß er überhaupt etwas will", meinte der Braunbär.

Das Rhinozeros war noch nicht überzeugt. „Wenn

er meint, er könnte sich in meinem Wasser wälzen, dann hat er sich geirrt."

„Ich möchte nur gern euer Freund sein", sagte der Eisbär.

„Wieso?" fragte das zweite Rhinozeros.

Darauf wußte der Eisbär keine Antwort, und er schlich davon. Freunde zu finden war gar nicht so einfach, wie er sich das vorgestellt hatte. Dann hatte er eine Idee. Wenn er den anderen Tieren immer recht gab, dann würden sie ihn bestimmt mögen.

„Es ist so schrecklich kalt hier", brummelte das Kamel irgendwann. „Nach der angenehmen Hitze in der Wüste macht mir diese Kälte richtig zu schaffen."

„Ja, es ist wirklich kalt", sagte der Eisbär, obwohl er fand, daß in der großen Halle eine ganz unerträgliche Hitze herrschte.

„Nein, es ist nicht die Kälte", sagte der Gepard und rannte ruhelos hin und her. „Es ist die Langeweile. Ich möchte wieder einmal den Wind in meinem Fell spüren, wenn ich durch die Steppe rase."

„Ja, ich finde es auch sehr langweilig", stimmte der Eisbär zu.

„Ich finde es eigentlich eher erholsam", gähnte der Tiger zufrieden. „Ich brauche mir mein Essen nicht selbst zu beschaffen, ich brauche mich eigentlich um gar nichts zu kümmern. Daran könnte ich mich glatt gewöhnen."

„Mir geht es genauso", pflichtete der Eisbär schnell bei.

„Ich will euch sagen, was hier langweilig ist", fauchte das Rhinozeros gereizt. „Tiere, die zu allem mit dem Kopf nicken. Die sind wirklich langweilig."

„Ja", meinte der Eisbär. „Da hast du recht."

Das Rhinozeros schnaubte verächtlich und stampfte davon, und ein Tier nach dem anderen folgte ihm, bis der Eisbär wieder allein war.

„Wieso sage ich immer das Falsche?" fragte später der Eisbär seine Frau. „Dabei gebe ich mir so viel Mühe. Ich möchte doch nur ihr Freund sein."

„Du strengst dich zu sehr an", meinte seine Frau. „Das ist falsch. Sei einfach du selbst."

„Aber ich will doch, daß sie mich mögen", jammerte der Eisbär unglücklich.

„Du kannst die Leute nicht zwingen, dich zu mögen", sagte seine Frau. „Du solltest es dir nicht so zu Herzen nehmen."

Aber der Eisbär nahm sich die Sache zu Herzen. Er nahm sie sich sogar sehr zu Herzen. Tag für Tag ging er in die große Halle und versuchte, sich mit dem einen oder anderen Tier anzufreunden. Aber je mehr er es versuchte, desto weniger Erfolg hatte er. Zuerst lachten sie ihn aus, und dann ließen sie ihn einfach links liegen. Deshalb gewöhnte er sich daran, auf das Dach der Arche zu klettern. Dort saß er dann im Regen – einsam und unglücklich.

„Wenn ich sagen würde, ich hätte zwei Köpfe",

spottete das Nilpferd unten in der Halle, „was meint ihr, was der Eisbär darauf antworten würde?"

„Was denn?" fragte die Giraffe.

„Er würde sagen: Ich auch." Dann bekam das Nilpferd einen Lachanfall.

„Das ist aber gar nicht nett", sagte Herr Noah, der gerade vorbeikam. „Ich glaube, der Eisbär möchte nur euer Freund sein."

„Ich suche mir meine Freunde selber aus", meinte das Kamel und kaute auf der Unterlippe. „Und ich freunde mich nicht mit farblosen Tieren an, mit denen man sich nicht unterhalten kann."

„Für seine Farbe kann er nichts", sagte Herr Noah hilflos.

„Oder seine Nicht-Farbe", meinte der Löwe und betrachtete stolz seine eigene goldene Mähne.

Herr Noah wandte sich an den Braunbär. „Ob du dich nicht mal um ihn kümmern könntest?" fragte er. „Schließlich seid ihr ja verwandt."

„Aber nur um tausend Ecken!" sagte der Braunbär schnell.

Doch er war von Natur aus eher gutmütig, und so trottete er davon. Er fand den Eisbär an seinem gewohnten Platz, zusammengekauert auf dem Dach der Arche.

„Was machst du denn hier so ganz allein?" fragte der Braunbär und steckte den Kopf durch die Falltür. „Hier ist es aber naß und ungemütlich!"

„Ja, du hast recht", stimmt der Eisbär zu. Aber

dann verbesserte er sich: „Es ist besser, wenn ich allein bin. Dann störe ich die anderen wenigstens nicht. – Ach, Braunbär, du hast so viele Freunde. Sag mir, was soll ich denn tun, damit sie mich auch mögen?"

Der Braunbär dachte eine Weile nach, dann breitete sich langsam ein Lächeln auf seinem Gesicht aus, und er leckte sich die Lippen. „Gib ihnen Honig", sagte er.

„Honig?"

„Es gibt nichts Besseres als Honig, um Freunde zu gewinnen", sagte der Braunbär. „Ich könnte gar nicht genug davon bekommen."

„Wo kann ich denn Honig herkriegen?" fragte der Eisbär.

„Von den Bienen natürlich", antwortete der Braunbär und schüttelte den Kopf über soviel Dummheit.

„Bienen?"

Der Braunbär nickte. „Aber sag ihnen nicht, daß ich dir das empfohlen habe. Seltsame Tiere, diese Bienen. Sehr launisch. Bei den Bienen mußt du immer aufpassen."

Der Eisbär nahm sich den Rat zu Herzen und näherte sich den Bienen mit äußerster Vorsicht.

„Bitte um Verzeihung", sagte er höflich.

Die Bienen kamen aus ihrem Bienenkorb und schwirrten um seinen Kopf.

„Könnte ich ... wäre es vielleicht möglich ...? Könnte ich vielleicht etwas Honig haben?" fragte er schüchtern.

„Honig?"

„Ja, bitte", sagte der Eisbär höflich.

„Du willst Honig?" fragten die Bienen noch einmal.

„Wenn es euch nichts ausmacht."

„Was willst du damit?" fragte eine der Bienen mißtrauisch.

„Freunde gewinnen", erwiderte der Eisbär. „Damit die anderen Tiere mich mögen."

Die Bienen berieten sich summend. Dann wandte sich eine von ihnen wieder an den Eisbär. „Nein", sagte sie. „Eisbären geben wir keinen Honig."

„Warum denn nicht?" fragte der Eisbär verblüfft.

„Weil uns noch nie ein Eisbär nach Honig gefragt hat", erklärte die andere Biene.

„Aber ich frage euch jetzt."

„Tut uns leid", sagte die eine Biene. Und dann verschwanden sie beide in ihrem Bienenkorb und schlossen hinter sich die Tür.

„Mach dir nichts draus", tröstete ihn der Braunbär später, als er von dem mißglückten Besuch erfuhr. „Ich werde dir Honig besorgen. Die Bienen und ich, wir sind nämlich dicke Freunde."

„Bist du ein Glückspilz!" sagte der Eisbär voller Neid. „Ich wünschte, die Bienen und ich, wir würden auch dicke Freunde."

Der Braunbär ging zum Bienenkorb und klopfte an die Tür, aber die Bienen waren gerade ausgeflogen. Er zögerte einen Moment und kratzte sich am Kopf. „Es wird ihnen sicher gar nicht auffallen, wenn ich mir ein bißchen Honig nehme", überlegte er. „Und es ist ja auch nicht richtig gestohlen, denn es ist ja nicht für mich."

Nachdem er sich selbst Mut gemacht hatte, griff er zu. Doch als er den Honig forttrug, stieg ihm der süße Duft so verführerisch in die Nase, daß ihm das Wasser im Mund zusammenlief.

„Wozu braucht ein Eisbär Honig?" überlegte er. „Am besten, ich esse ihn selber. Wenn der Eisbär will, kann *ich* ja sein Freund sein."

Und so setzte er sich hin und aß den ganzen Honig auf.

Als die Bienen in ihren Korb zurückkehrten, merkten sie natürlich sofort, daß Honig fehlte.

„Das war der Eisbär! Dem werden wir es zeigen!" summten sie empört.

„Nein, es war nicht der Eisbär", trillerte die Lerche. „Der sitzt immer noch oben auf dem Dach. Es war der Braunbär."

„Danke!" sagten die Bienen, und dann jagten sie den Braunbär durch die Arche.

„Laßt mich in Ruhe!" winselte der. „Bitte nicht stechen! … Es tut mir leid … ich will es auch nie wieder tun!"

„Wir werden dich lehren, uns zu bestehlen", summten die Bienen wütend.

Die anderen Tiere amüsierten sich köstlich und lachten über den Braunbär. Aber es fiel ihnen gar nicht ein, deswegen netter zu dem Eisbär zu sein.

„Als wenn ich mich mit einem Stück Honig bestechen ließe!" schnaubte der Löwe verächtlich, als er von der Sache erfuhr.

Der Eisbär, der sich inzwischen von allen im Stich gelassen fühlte, blieb auf dem Dach der Arche sitzen und weigerte sich, herunterzukommen. Herr Noah, dem die ganze Sache ziemlich auf den Magen geschlagen war, hatte eine lange Unterredung mit Gott.

„Ich weiß nicht, was ich mit ihm machen soll", sagte er. „Der Eisbär kann nicht während der ganzen Reise auf dem Dach sitzen bleiben. Außerdem tut er mir leid, weil er so unglücklich ist."

Gott dachte einen Augenblick nach. „Geh zu dem Eisbär", sagte er dann, „und sag ihm, daß er nie einen Freund finden wird, wenn er nicht aufhört, nur an sich selbst zu denken. Wenn er Freunde haben will, dann muß er an die anderen denken."

„Na gut", meinte Herr Noah zweifelnd. „Ich will es ihm sagen, aber ich glaube nicht, daß es viel helfen wird."

„Sag ihm, daß man Freundschaft nicht kaufen kann", sagte Gott. „Wenn sie nicht aus freien Stücken geschenkt wird, dann ist sie keine richtige Freundschaft."

„Ja", sagte Herr Noah und erhob sich von seinem Bett.

„Und ...", fügte Gott hinzu, „noch etwas ganz Wichtiges. Sag ihm, daß *ich* sein Freund bin – so wie ich der Freund aller Tiere und Menschen bin."

Herr Noah kletterte also auf das Dach der Arche und berichtete dem Eisbär, was Gott gesagt hatte. Er mußte ziemlich laut schreien, damit er den Wind und den Regen übertönen konnte. Aber der Eisbär hörte ihm kaum zu. Er zuckte nur mit den Schultern und wandte sich ab.

Traurig machte Herr Noah kehrt. Der Regen prasselte herunter, und das Dach der Arche war ziemlich rutschig. Schon beim zweiten Schritt rutschte Herr Noah aus. Er glitt das steile Dach hinunter und fiel direkt ins Wasser.

„Hilfe!" rief er beim Fallen. „Hilfe, ich kann nicht schwimmen! Hilfe, Hilfe, so helft mir doch!"

Der Eisbär fuhr auf, sprang mit einem Satz vom Dach ins Wasser, tauchte und schnappte Herrn Noah mit seinen starken Zähnen gerade noch rechtzeitig. Die Tiere, die gehört hatten, daß irgend etwas passiert war, kletterten, soweit es möglich war, auf das Dach.

Sie sahen, wie der Eisbär mit kräftigen Stößen zur Arche zurückschwamm. Die Giraffe neigte ihren langen Hals herunter und nahm dem Bär den tropfnassen Herrn Noah ab. Das Känguruh brachte ihn zu seiner Kabine, wo Frau Noah ihn sofort ins Bett steckte.

Später am Abend kletterten der Löwe und der Tiger auf das Dach der Arche, wohin sich der Eisbär wieder zurückgezogen hatte.

„Ääh … hmm …", begann der Löwe. Der Eisbär drehte sich um.

„Wir kommen im Auftrag der anderen Tiere", sagte der Löwe. „Sie haben uns geschickt, damit wir dir sagen, daß wir alle sehr froh sind, daß du Herrn Noah gerettet hast. Und es tut ihnen leid, wie sie dich behandelt haben. Wenn du die Güte hättest, mit uns in die Halle zu kommen, dann wäre es uns eine Ehre, wenn wir deine Freunde sein dürften."

Der Eisbär mußte kräftig schlucken. „Ist das euer Ernst?"

„Wirklich", nickte der Tiger.

„Wollen alle, daß ich herunterkomme?" fragte der Eisbär, der es immer noch nicht glauben konnte.

„Ja, wir alle", sagte der Löwe feierlich.

„Du warst sehr tapfer", fügte der Tiger hinzu.

„Ich war überhaupt nicht tapfer", meinte der Eisbär bescheiden. „Ich kann auch nichts dafür, daß ich so gut schwimmen kann. Aber ich konnte Herrn Noah doch nicht untergehen lassen."

Herr Noah, dem der Zwischenfall nicht allzu sehr geschadet hatte, lag währenddessen warm eingepackt in seinem Bett und redete mit Gott. „Hast du mich absichtlich vom Dach der Arche rutschen lassen, damit der Eisbär mich retten konnte?" wollte er wissen.

„Würdest du mir so etwas zutrauen?" erwiderte Gott.

Herr Noah lächelte, drehte sich auf die andere Seite und war schon bald eingeschlafen.

Angst im Dunkeln

Tag für Tag fiel der Regen, und bald war die ganze Erde überflutet. Himmel und Erde verschwanden in einem dicken grauen Nebel, und auch in der Arche drinnen war es dunkel. Herr Noah zündete ein paar Lampen an, aber nicht sehr viele, denn er hatte Angst, das Öl würde sonst nicht reichen.

Die Schmetterlinge waren sehr unglücklich im Dunkeln, und ihre strahlendbunten Flügel wurden stumpf und wie leblos.

„Was meinst du, wie lange wird es wohl so weitergehen?" fragte die Schmetterlingsfrau.

„Herr Noah hat gesagt, es würde vierzig Tage und vierzig Nächte regnen", erinnerte sich ihr Mann.

„Und wie lange regnet es schon?"

„Das weiß ich nicht", sagte ihr Mann. „Ich habe vergessen zu zählen."

„Was hätte es auch für einen Sinn?" meinte der Grashüpfer verdrießlich. „Davon würde die Zeit auch nicht schneller vorbeigehen."

„Stimmt." Der Schmetterling wandte sich an seine Frau. „Versuch doch zu schlafen", sagte er. Er strich über ihre feinen blauen Flügel. „Du zitterst ja."

„Mir ist kalt."

„Dann kriech unter meine Flügel", schlug er vor. „Ich werde dich warmhalten."

Schon bald war er eingeschlafen, aber seine Frau war noch immer wach. Sie sah zum Fenster in der großen Halle hinauf und horchte ängstlich auf den Sturm und den Regen, der auf das Dach trommelte.

„Man könnte meinen, es sei draußen schon Nacht", flüsterte sie, aber ihr Mann schlief und hörte sie nicht. „Ich hab Angst im Dunkeln", wisperte sie. Aber ihr Mann seufzte nur und schlug im Schlaf einmal leicht mit den Flügeln.

Herr Noah, der gerade seine Runde machte, um überall nach dem Rechten zu sehen, hatte den Seufzer der Schmetterlingsfrau gehört.

„Du brauchst keine Angst zu haben", sagte er freundlich. „Wir sind hier, weil Gott uns vor der großen Flut retten will. Er wird uns beschützen und aufpassen, daß uns nichts passiert."

„Ja", sagte die Schmetterlingsfrau. „Das weiß ich. Aber ich habe trotzdem Angst im Dunkeln. Ich brauche Licht, um leben zu können. Meine Cousinen, die Motten, die fliegen in der Nacht, aber wir Schmetterlinge brauchen die Sonne."

Herr Noah dachte einen Augenblick nach. „Ich hab's", sagte er schließlich. „Ich bringe dir meine Öllampe. Dann kannst du in die Flamme schauen und an die Sonne denken. Was meinst du dazu?"

„O ja, bitte", sagte die Schmetterlingsfrau.

Also ging Herr Noah in seine Kabine und holte seine eigene Lampe.

„Meinst du, das wird ihr helfen, Gott?" fragte er besorgt.

„Vielleicht", antwortete Gott. „Es ist auf jeden Fall ein netter Gedanke."

„Nun, ich kann auch ohne die Lampe auskommen", behauptete Herr Noah tapfer. Aber dann blickte er sich doch ein wenig ängstlich um, als er seine Öllampe forttrug und von den Wänden der Kabine dunkle Schatten auf ihn zu springen schienen.

Die Schmetterlingsfrau war überglücklich. „Vielen Dank", sagte sie. „So habe ich es schön warm und hell."

„Ja", erwiderte Herr Noah. „Aber paß auf, daß du nicht zu nah an die Lampe kommst, sonst verbrennst du dir die Flügel."

„Ja, ich passe auf."

Eine Zeitlang war die Schmetterlingsfrau richtig glücklich. Sie schaute in die Flamme und stellte sich vor, es sei ein schöner Sommertag und sie sei in einem hellen Garten und würde sich im Sonnenlicht baden. Doch nur allzu schnell war das Öl aufgebraucht. Die Flamme flackerte noch ein wenig, und dann erstarb sie. Und die Schmetterlingsfrau hatte wieder Angst.

„Herr Noah", rief sie. „Herr Noah. Kann ich noch ein bißchen Öl haben?"

Aber Herr Noah schüttelte den Kopf. „Tut mir leid, aber ich habe wirklich keins übrig. Gott hat mir ganz genau gesagt, wieviel ich mitnehmen sollte, und es wird gerade so reichen."

„O weh", sagte die Schmetterlingsfrau ängstlich.

„Ich werde mit Gott sprechen und ihn fragen, ob er einen Rat weiß", versprach Herr Noah.

Er ging wieder in seine Kabine, setzte sich im Dunkeln hin und redete mit Gott. Der Regen trommelte auf das Dach, und der Wind heulte und klagte. Herr Noah zitterte.

„Es wundert mich nicht, daß der Schmetterling Angst hat, Herr", sagte er. „Ich fürchte mich selbst ein bißchen. Seit ich damals versehentlich im Holzschuppen eingesperrt wurde und die ganze Nacht darin verbringen mußte, kann ich der Dunkelheit wirklich nicht viel abgewinnen."

„Wenn du dich fürchtest, Noah", antwortete Gott, „dann denk doch nur daran, daß ich die Nacht genauso geschaffen habe wie den Tag. Ich bin der Gott der Finsternis wie des Lichts. Ich werde dich mit deiner Angst vor dem Dunkel nie allein lassen."

„Ja, Herr", sagte Herr Noah, und es klang schon wieder etwas munterer. „Ich will daran denken. Und ich will es auch der Frau Schmetterling sagen."

Er lief sofort los, aber sie sah ihn nur mit großen, angsterfüllten Augen an. Herr Noah wußte nicht, was er tun sollte.

„Warum bittest du nicht eins der anderen Tiere um Hilfe?" fragte Gott.

„Welches denn?" erkundigte sich Herr Noah.

„Eins, das im Dunkeln keine Angst hat", sagte Gott.

„So eins kenne ich nicht", meinte Herr Noah.

„Na, dann denk mal ein wenig nach", erwiderte Gott.

Also setzte Herr Noah sich in seine Kabine und dachte nach.

„Jetzt weiß ich's", meinte er schließlich. „Da sind ja noch ihre Cousinen, die Motten. Vielleicht können die helfen."

Er fand die Motten bei einer der Öllampen. Sie flatterten zur Flamme und dann wieder fort, und jedes Mal kamen sie ihr ein bißchen näher.

„Paßt nur auf", sagte Herr Noah. „Sonst verbrennt ihr noch."

„Pah", meinte eine der Motten. „Wir haben keine Angst."

„Es ist ein schönes Spiel", sagte die andere.

„Aber es ist sehr gefährlich", warnte Herr Noah.

„Ein bißchen Gefahr braucht jeder im Leben", antwortete die erste Motte.

„Es gibt Gefahren, die müssen nicht sein", sagte Herr Noah bestimmt. Er nahm die Lampe und blies sie aus. „Tut mir leid, aber solange ihr hier auf der Arche seid, bin ich für euch verantwortlich, und Gott will, daß ihr beide die Reise sicher übersteht."

„Spielverderber!" murmelte die zweite Motte.

„Ich wollte euch eigentlich fragen, ob ihr mir helfen könnt", sagte Herr Noah. „Die Schmetterlingsfrau ist ziemlich unglücklich. Sie hat Angst im Dunkeln. Ich dachte, ihr könntet vielleicht einmal mit ihr reden und ihr erklären, daß sie sich keine Sorgen zu machen braucht."

„Wieso sollten wir dir helfen, wenn du uns nicht einmal in Frieden spielen läßt?" fragte die erste Motte beleidigt.

„Weil sie eure Cousine ist", sagte Herr Noah. „Und weil wir uns auf dieser Reise alle gegenseitig helfen müssen, wenn wir überleben wollen."

„Ach, geh und frag jemand anders", zischte die zweite Motte unhöflich.

Herr Noah ging noch einmal fort und redete mit Gott. „Das hat wohl nicht geklappt", meinte er.

„Es gibt außer den Motten noch andere Nachttiere, Noah", sagte Gott.

„Ja, wahrscheinlich schon", entgegnete Herr Noah müde. „Aber es ist ein bißchen schwierig, sie im Dunkeln zu finden."

Genau in diesem Augenblick hörte oder vielmehr spürte er ein leichtes Flügelrascheln, und plötzlich sah er am Fußende seines Bettes einen dunklen Schatten kopfüber herabhängen.

„Hat jemand nach mir gerufen?" erklang eine leise Stimme.

„Aber ja, natürlich!" sagte Herr Noah. „Oh, bitte, Fledermaus. Genau dich kann ich jetzt brauchen!"

„Also", sagte die Fledermaus wenig später zur Schmetterlingsfrau. „Was hat Herr Noah mir da gerade erklärt?"

„Ich habe Angst im Dunkeln", flüsterte die Schmetterlingsfrau kläglich.

„Aber im Dunkeln ist es doch wunderschön", erwiderte die Fledermaus. „Wenn ich so durch die Nacht fliege, das ist, wie wenn ich durch dunklen Samt schwebe."

„Aber wie siehst du denn, wo du hinfliegst?"
wollte die Schmetterlingsfrau wissen.

„Ich brauche nichts zu sehen", sagte die Fledermaus. „Ich horche. Komm einmal mit mir. Ich bringe dich an die finstersten Stellen auf der Arche, und du wirst sehen, daß nirgends etwas ist, wovor du dich fürchten mußt."

Zögernd kletterte die Schmetterlingsfrau auf den Rücken der Fledermaus.

„Wo willst du denn hin?" fragte die Eule und blinzelte neugierig.

„Die Fledermaus will mir zeigen, daß ich im Dunkeln keine Angst haben muß", erklärte die Schmetterlingsfrau unsicher.

„Angst? Wovor solltest du denn im Dunkeln Angst haben?" erklang die forsche Stimme des Dachses aus einer Ecke der großen Halle. „Das Dunkel, wenn die ganze Welt ruhig und still ist, ist doch die schönste Zeit des Tages. Da kannst du in Ruhe nachdenken."

„Ich wußte gar nicht, daß du denken kannst", näselte der Ameisenbär. „Ich mag die Nacht am liebsten, weil die Ameisen und die Termiten dann schlafen und ich mich unbemerkt an sie heranschleichen kann. Und schön schmackhaft sind sie auch noch." Er schnalzte mit seiner langen Zunge.

„Nun, ich mag die Nacht, weil sie sicherer ist", quakte der Frosch.

„Ich auch", stimmte der Igel zu.

„Und außerdem trocknet meine Haut nicht so aus wie in der Sonne", fuhr der Frosch fort.

„Ich mag sie, weil es kühler ist", sagte die Wüstenspringmaus. „In der Wüste grabe ich mich tagsüber immer im Boden ein."

„Du siehst also, es gibt viele Tiere, denen die Nacht lieber ist", erklärte der Dachs der Schmetterlingsfrau.

Der Igel kam ein bißchen näher. „Es ist wirklich sehr nett von dir, daß du uns besuchst", sagte er schüchtern. „So schöne Tiere wie dich bekommen wir nachts nicht allzu oft zu sehen."

Die Fledermaus brachte die Schmetterlingsfrau zu allen finsteren Ecken der Arche, und je mehr Tiere sie kennenlernte, die auch in der Nacht wach waren, desto mehr ging ihr auf, daß sie sich wirklich nicht zu fürchten brauchte. Schließlich begegneten sie auch ihren Verwandten, den beiden Motten.

„Hallo", sagte sie schüchtern. „Ich glaube, wir haben uns noch nicht kennengelernt."

„Hmm", erwiderte die erste Motte. „Du hast uns also diese Schwierigkeiten eingebrockt."

„Schwierigkeiten?"

„Ja", sagte die andere Motte. „Herr Noah hat die Öllampe ausgeblasen, bei der wir gespielt haben."

„Oh, das tut mir leid", flüsterte die Schmetterlingsfrau.

„Sie brauchen dir gar nicht leid zu tun", meinte die Fledermaus. „Die beiden sind einfach dumm. Wenn Herr Noah nicht wäre, dann wären sie in den Flammen verbrannt."

Damit flog sie davon, und die beiden Motten starrten ihr mit offenem Mund hinterher.

Die Schmetterlingsfrau schlüpfte wieder neben ihren Mann. „Vielen Dank, daß du mich herumgeflogen hast", sagte sie zur Fledermaus. „Jetzt geht es mir schon viel besser."

„Es war mir ein Vergnügen", erwiderte die Fledermaus und flog davon. Die Schmetterlingsfrau faltete ihre Flügel zusammen und wollte nun endlich auch schlafen. Da sah sie plötzlich zwei schwache Lichtschimmer.

„Herr Noah hat gesagt, du hättest Angst. Da haben wir gedacht, wir kommen her und leuchten dir ein bißchen", sagte eines der Glühwürmchen.

„Das ist aber nett von euch", sagte die Schmetterlingsfrau. „Ihr seid alle so nett zu mir."

Die Glühwürmchen machten es sich rechts und links von der Schmetterlingsfrau gemütlich. Und während sie an die vielen Freunde dachte, die sie in der Dunkelheit kennengelernt hatte, war die Schmetterlingsfrau auf einmal eingeschlafen.

Versteht ihr denn keinen Spaß?

Als der erste große Sturm kam, verfinsterte sich der Himmel, und in der Arche wurde es stockdunkel. Viele Tiere schliefen tagsüber, aber wenn der Himmel zwischendurch etwas heller wurde und der Sturm sich legte, wachten sie auf.

„Hat es aufgehört?" zischte die Schlange und glitt aus ihrem Loch hervor.

„Was aufgehört?" fragte der Elefant.

„Zu regnen natürlich."

„Von wegen aufgehört", sagte der Fuchs. „Hörst du nicht, wie es immer noch aufs Dach prasselt?"

Die Schlange horchte einen Augenblick. „Nein, ich höre nichts."

„Weil du taub bist", witzelte der Fuchs.

„Ich bin nicht taub", antwortete die Schlange beleidigt und rollte sich zu einer hübschen Pyramide zusammen.

Der Fuchs grinste. Dann flüsterte er: „Bist du doch."

„Was hast du gesagt?" fragte die Schlange mißtrauisch.

Die anderen Tiere lachten.

„Bitte Ruhe!" Herrn Noahs Stimme erscholl aus

dem Dunkel vom anderen Ende der großen Halle. Das Gelächter hörte auf.

„Wenn ihr euch nicht ordentlich benehmt, dann bekommt ihr keine Extraportion Futter."

„Sollten wir denn eine Extraportion Futter bekommen?" fragte eines von den Schweinen eifrig. Die Schweine hatten immer Angst, sie würden nicht genug bekommen.

„Nur wenn ihr euch benehmt."

Und tatsächlich benahmen sich die Schlange, der Fuchs und all die anderen Tiere bis zum Abend mustergültig. Nur der Affe war böse, der sich ständig kratzen mußte, weil die Flöhe beschlossen hatten, sich vorübergehend in seinem Fell niederzulassen. „Bestechung nenne ich das", sagte er säuerlich. Er kratzte etwas heftiger. „Und wenn ihr Flöhe nicht bald davonhüpft, dann werde ich euch zeigen, was schlechtes Benehmen ist, Extraportion hin oder her!"

„So ein Elend!" meinte einer der Flöhe, und schnell sprangen sie auf den Rücken des Igels.

Zur gewohnten Zeit kamen Herr Noah und seine drei Söhne, Sem, Ham und Jafet, mit dem Futter.

„Was ist denn das?" fragte das Schwein und wühlte in seinem Trog herum. „Das ist doch keine Extraportion."

„Das hier auch nicht", sagte der Fuchs. „Nun mach schon, Herr Noah. Was ist mit deinem Versprechen?"

„Was für ein Versprechen?"

„Du hast uns eine Extraportion Futter versprochen, wenn wir uns benehmen."

„Wann hab ich das versprochen?" fragte Herr Noah.

„Heute morgen", sagte der Fuchs.

„Wir haben es alle gehört", fügte das Schwein hinzu.

„Nun, das tut mir furchtbar leid", sagte Herr Noah. „Aber das müßt ihr wohl geträumt haben. So etwas habe ich nie gesagt." Er wandte sich an seine Söhne. „Ihr vielleicht?"

Seine Söhne schüttelten den Kopf.

„Also wirklich!" empörte sich der Emu, nachdem Herr Noah und seine Söhne gegangen waren. „Mir fehlen die Worte!"

„Mir auch", meinte das Schwein trübsinnig.

„Da hätte ich mich gar nicht den ganzen Tag so zusammenreißen müssen", zischte die Schlange traurig.

„Ich hätte nie gedacht, daß Herr Noah so miese Tricks einsetzen würde", sagte der Fuchs.

Der Schakal schüttelte den Kopf. „Ich hab's ja schon immer gesagt: Trau keinem menschlichen Wesen!"

„Hört auf, mich zu kitzeln!" sagte der Igel, aber er meinte die Flöhe, deshalb hörte niemand hin.

An diesem Abend wurde viel geschimpft, während die Tiere ihr Futter verzehrten und sich dann zur Ruhe legten. Nur der Papagei hoch oben auf seinem Balken lachte. Er lachte so sehr, daß er beinahe von seiner Stange fiel.

„Das hat sie aber ganz schön durcheinandergebracht", sagte er zu seiner Frau. „Hast du schon mal so ein Theater gehört?"

„Es war sehr häßlich von dir", meinte seine Frau. „Du hättest das wirklich nicht tun sollen."

„War doch nur ein bißchen Spaß."

„Überhaupt kein Spaß. Das gibt nur Ärger."

„Ach, sei doch nicht so langweilig", sagte er gereizt. Dann räusperte er sich und rief mit Herrn Noahs Stimme: „Löwe,Tiger! Könntet ihr beide einmal zu meiner Kabine kommen? Ich habe etwas Wichtiges mit euch zu besprechen."

Er krächzte vor Lachen und sagte dann mit seiner eigenen Stimme: „Das wird sie mächtig ärgern. Dumme Viecher."

Herr Noah war sehr überrascht, als der Löwe und der Tiger vor seiner Kabinentür erschienen. „Hallo", sagte er. „Was kann ich für euch tun?"

„Was können wir für dich tun?" fragte der Löwe.

„Wie meinst du das?" erwiderte Herr Noah.

„Du hast uns gebeten herzukommen", sagte der Tiger. „Und da sind wir."

„Ich soll euch gerufen haben?" fragte Herr Noah verwirrt. „Nein, bestimmt nicht."

Der Löwe und der Tiger sahen sich an.

„Du hast gesagt, du hättest etwas Wichtiges mit uns zu besprechen", sagte der Löwe ungeduldig.

„Nun, tut mir leid", meinte Herr Noah, ebenfalls leicht gereizt. „Aber ich habe nichts mit euch zu besprechen, nichts Wichtiges und auch nichts Unwichtiges." Und er schloß die Kabinentür.

„Ich hab's geahnt", meinte der Löwe, als er mit dem Tiger davontrottete. „Es mußte ja so kommen. Die ganze Anstrengung macht sich langsam bemerkbar. Herr Noah dreht durch. Ich hab's schon immer gesagt, daß er nicht stark genug ist. Gott hätte wirklich mich beauftragen sollen."

„Oder mich", knurrte der Tiger.

Der Papagei ließ nicht ab, auch weiterhin Herrn Noahs Stimme nachzumachen. Aber dabei blieb es nicht. Er konnte auch andere Tiere täuschend echt nachahmen. Bald waren alle auf der Arche furchtbar gereizt, und es kam immer wieder zu Streit und Kämpfen. Der Papagei beobachtete das alles von seiner Stange ganz oben in der großen Halle und freute sich an dem Ärger, den er anrichtete.

„Sieh dir das nur an", krächzte er und schlug vor Begeisterung wild mit den Flügeln. „Sieh dir nur das Durcheinander an. Sogar Herr Noah fällt darauf rein. Ich bin gescheiter als sie alle zusammen."

„Du solltest aufhören", meinte seine Frau. „Ich finde das sehr kindisch."

„Sei nicht so humorlos", erwiderte der Papagei.

„Ich finde es wirklich nicht nett", sagte seine Frau.

„Ich finde es einfach lustig."

„Nur für dich", meinte seine Frau. Aber der Papagei beachtete sie nicht.

Herr Noah war inzwischen sehr beunruhigt, und er führte eine ernste Unterredung mit Gott.

„Was ist los, Herr?" fragte er. „Und was soll ich tun? Ich muß etwas tun, sonst gibt es einen Aufstand.

Zuerst dachte ich, es wäre der Löwe. Aber inzwischen bin ich mir nicht mehr so sicher."

Die Tür zu seiner Kabine wurde geöffnet, und die Frau des Papagei kam hereingeflattert.

„Entschuldige die Störung, Herr Noah", sagte sie. „Ich habe versucht mit ihm zu reden, aber es hilft nichts. Es ist mir wirklich peinlich, daß er so ein Durcheinander anrichtet ..."

Als sie ihre Geschichte zu Ende erzählt hatte, ging Herr Noah schnurstracks zu dem Papagei und schimpfte tüchtig mit ihm. Er war wirklich sehr böse, und alle anderen Tiere auch, als sie davon erfuhren.

Der Papagei saß auf seiner Stange und schmollte. „Ich wollte doch nur ein bißchen Spaß machen", sagte er. „Ich wußte ja nicht, daß ihr alle keinen Spaß versteht."

„Es war überhaupt kein Spaß", erwiderte seine Frau streng. „Das weißt du ganz genau."

Der Papagei funkelte sie an. „Wenn du nicht zu Herrn Noah gegangen wärst und gepetzt hättest, dann hätte er es nie erfahren", sagte er zornig.

„Doch", antwortete seine Frau. „Als ich reinkam, da hat er gerade mit Gott darüber gesprochen."

„Wieso spricht Gott eigentlich mit Herrn Noah und nicht mit mir?" fragte der Papagei.

„Weil Gott kein solcher Narr ist wie du", meinte seine Frau kurzangebunden.

Der Papagei überhörte diese Bemerkung. „Was

macht Herrn Noah so bedeutend, daß er mit Gott reden kann?" überlegte er. „Seine Klugheit kann es nicht sein, denn ich bin bestimmt genauso klug wie er. Und seine Stimme ist es auch nicht, seine Stimme ist doch langweilig."

Er hockte auf seiner Stange und beobachtete Herrn Noah.

„Ich hab's", sagte er plötzlich laut. „Es ist wegen seiner Kleidung. Deshalb redet Gott mit ihm. Herr Noah trägt Kleider und wir nicht. Hmmm ..." Darüber mußte er weiter nachdenken.

„Was heckst du denn jetzt schon wieder aus?" fragte seine Frau mißtrauisch, als der Papagei plötzlich aufsprang und davonflog. Er antwortete ihr nicht.

Es dauerte eine Weile, bis sie ihren Mann wiedersah. Und dann hätte sie ihn fast nicht erkannt. Denn der Vogel, der da selbstbewußt in der großen Halle herumstolzierte, trug eine recht seltsame Kombination von Kleidungsstücken, die er aus der Kabine von Herrn und Frau Noah geholt hatte. Von seinem Kopf baumelte ein langer rot-weißer Schal, den er sich wie einen Turban gewickelt hatte, und um seinen Körper hing ein formloses braunes Hemd. Die Füße steckten in ein Paar Sandalen.

„Nun kann ich auch mit Gott reden", sagte der Papagei und sah seine Frau zufrieden an. Doch als er versuchte, auf seine Stange zu fliegen, da plumpsten erst einmal die Sandalen von seinen Füßen, so daß alle Tiere in der großen Halle sich umdrehten und ihn anstarrten. Dann fingen sie an zu lächeln, und schließlich mußten alle laut lachen. Sie lachten so sehr, daß sie sich aneinander festhalten mußten. Ein paar von ihnen kugelten durch die Halle und konnten sich gar nicht wieder beruhigen.

„Was ist denn so lustig?" fragte der Papagei, aber keiner traute sich, es ihm zu sagen.

Herr Noah hörte den Lärm und eilte in die große Halle. Als er den Papagei sah, mußte auch er lächeln, aber er gab sich große Mühe, nicht laut zu lachen.

„Da sind also meine Kleider", sagte er erleichtert.

„Ich wollte sie nicht stehlen", verteidigte sich der Papagei und schüttelte eilig die geliehenen Kleider von seinen Federn. „Ich dachte nur, wenn ich mir etwas anziehe, dann könnte ich so wie du mit Gott reden, und er würde auch mit mir sprechen."

Herr Noah warf einen Blick auf die grinsenden Tiere. „Komm einmal mit mir", sagte er dann zu dem Papagei.

„Ich weiß nicht, warum Gott mit mir redet", begann Herr Noah, als sie allein waren. „Aber ganz sicher tut er es nicht, weil ich Kleider trage."

„Ach", sagte der Papagei erstaunt.

Herr Noah streckte seine Hand aus, und einen Augenblick später flatterte der Papagei auf und ließ sich darauf nieder.

„Es ist auch nicht, weil ich so klug bin", fuhr Herr Noah fort. „Ich bin längst nicht so begabt wie du – mit deinen verschiedenen Stimmen."

„Verstehe", krächzte der Papagei verlegen.

„Gott hat uns alle unterschiedlich erschaffen und uns unterschiedliche Gaben gegeben", sagte Herr Noah. „Meine Familie kann mit Gott reden, aber wir müssen Kleider tragen, weil wir nicht so schöne Federn haben wie du, um uns warmzuhalten. Wir können auch nicht fliegen, obwohl ich mir oft wünschte, ich könnte es."

„Tatsächlich?" fragte der Papagei.

Herr Noah strich über seine leuchtendbunten

Federn, und einen Augenblick später flog der Papagei auf Noahs Schulter.

„Tut mir leid", sagte der Papagei zerknirscht. „Ich habe wirklich eine Menge Ärger angerichtet, glaube ich."

„Es stört mich nicht, wenn du meine Stimme nachmachst", meinte Herr Noah. „Solange du es den anderen vorher sagst." Er dachte einen Moment nach. „Warum lädst du uns nicht einmal zu einem Unterhaltungsabend ein?"

Der Papagei strahlte. „Meinst du?"

„Aber ja", erwiderte Herr Noah. „Besprich das mal mit deiner Frau."

„Zu ihr war ich auch nicht besonders nett", gab der Papagei bekümmert zu.

„Ich weiß", sagte Herr Noah. „Gott hat es mir erzählt."

Der Papagei wollte gerade davonfliegen, als Herr Noah noch ein Gedanke kam. „Wenn du einmal dabei sein möchtest, wenn ich mit Gott rede, dann darfst du gern kommen und dich auf meine Schulter setzen", sagte er.

„Oh, vielen Dank", erwiderte der Papagei. „Das würde ich wirklich gern einmal tun."

Am Abend gaben der Papagei und seine Frau eine Vorstellung in der großen Halle. Es wurde ein Riesenerfolg, und als sie den Löwen und den Tiger nachmachten, da brüllten die Tiere vor Lachen. Nur der Löwe war nicht ganz so begeistert.

Der Beifall am Ende des Abends übertönte sogar den Wind und den Regen und hallte weit hinaus über das weite Meer, auf dem die kleine Arche dahintrieb.

Tausende von Löchern

Die Kuh öffnete ihr Maul und gähnte tief und herzhaft. „O weh, bin ich müde ...!"

„Das kommt vom faulen Herumstehen und Nichtstun", meinte der Schakal trocken.

„Ich tue sonst auch nicht viel", erwiderte die Kuh behaglich. „Das ist es nicht. Es ist der Lärm. Der hat mich die ganze Nacht wachgehalten." Sie gähnte erneut.

„Was für ein Lärm?" fragte die Schlange.

„Das weiß ich nicht", antwortete die Kuh.

„Wahrscheinlich der Regen", meinte der Schakal.

„Nein, der Regen war es nicht. Regen bin ich gewöhnt."

„Dann waren es bestimmt die Schweine. Sie grunzen im Schlaf immer so laut."

„Nein, die Schweine waren es auch nicht", sagte die Kuh bestimmt.

„Wie hat es sich denn angehört?" fragte die Haselmaus.

Die Kuh überlegte. „Wie ... wie ein Klopfen. In der Wand."

Der Löwe, der die anderen gern herumkommandierte, stellte sich in die Mitte der großen Halle.

„Alle herhören!" brüllte er.

Die Tiere drehten sich zu ihm um. Der Tiger öffnete verschlafen ein Auge. „Was hat er denn jetzt wieder im Sinn?"

„Die Kuh hat in den Wänden der Arche ein klopfendes Geräusch gehört", sagte der Löwe. „Ich möchte, daß ihr alle einmal mucksmäuschenstill seid und lauscht."

Das Schnattern und Grunzen, das Schnaufen und Quaken verstummte, und alle lauschten angestrengt.

„Ha ... ha ... tschiii ...!" Der Dingo mußte plötzlich niesen. Entschuldigend blickte er sich um. „Tut mir frecklich leid, aber if kann nifts dafür. If hab einen frecklichen Fnupfen."

„Dann geh und nies anderswo", sagte der Löwe verärgert.

„Aber nicht neben mir!" schrie der Emu erschreckt auf. „Deine ekligen Bazillen kann ich nicht gebrauchen!"

Der Löwe bat erneut um Ruhe, aber es war umsonst. In der großen Halle herrschte wieder einmal ein fürchterliches Durcheinander.

„Nun, dann müssen wir uns heute Nacht um die Sache kümmern", sagte der Löwe zur Kuh.

Und tatsächlich, am Abend kamen der Löwe, der Tiger, der Schakal, der Hund und ein paar andere Tiere, die sich für die Angelegenheit interessierten, zur Kuh in den Stall und legten ihre Ohren an die Wand.

„Da ist es!" flüsterte der Flamingo aufgeregt. „Tock, tock, tock."

„Meinst du, da will jemand reinkommen?" fragte der Esel besorgt.

„Blödsinn", spottete der Schakal. „Draußen sind nur Fische, und die wollen bestimmt nicht ins Trockene."

„Vielleicht will jemand raus", schlug das Lama vor.

„Das könnte sein", meinte der Löwe, nachdem er eine Zeitlang nachgedacht hatte.

In diesem Moment schob sich ein kleiner rotbrauner Kopf aus der Wand heraus.

„Hallo", sagte er. „könnt ihr mir helfen? Ich habe meine Frau verloren. Wir wollten zusammen einen Tunnel bauen, aber sie ist in diese Richtung gegangen und ich in die andere, und nun kann ich sie nicht mehr finden."

„Wer bist du?" fragte der Löwe.

„Ich bin der Holzwurm", sagte das kleine Wesen. „Wie geht's dir?" Der Kopf verschwand und tauchte dann noch einmal kurz auf. „Tut mir leid", sagte er. „Ich muß jetzt weiter. Ich glaube, ich habe gerade den Tunnel von meiner Frau gesehen."

Und damit verschwand er tatsächlich.

Am nächsten Morgen kam Rahel, Sems Frau, mit dem Melkschemel und einem Eimer in den Kuhstall.

„Guten Morgen", sagte sie. „Was für ein wunderschöner Tag! Wenn nur der Regen endlich aufhören würde! Wie geht's dir heute morgen?"

„Gräßlich", sagte die Kuh seelenruhig. „Hab die ganze Nacht kein Auge zugetan. Ständig ging es tock, tock, tock."

„Oh, das tut mir aber leid", meinte Rahel. Sie stellte den Schemel ab. „Was hat denn so getockt?"

„Ach, irgend so ein Käfer, der sich ‚Wurm' nennt", sagte die Kuh. „Ich hab nicht so drauf geachtet. Aber die anderen Tiere waren alle hier, und als der letzte endlich ging, war es schon sehr spät."

„Du meine Güte!" Rahel stellte den Eimer zurecht, setzte sich auf ihren Melkschemel … und landete mit einem lauten Rumms auf dem Boden! Der Schemel war unter ihr zusammengebrochen.

„Was war denn das?!"

„Ist dir was passiert?" fragte die Kuh besorgt.

„Nein, ich glaube nicht", sagte Rahel benommen und rieb sich ihre schmerzende Rückseite. Sie hob die Einzelteile des Hockers auf und betrachtete sie etwas näher. „Der Hocker hat ja lauter Löcher! Wo kommen die denn her?"

Aus einem der Löcher schob sich ein kleiner rotbrauner Kopf. „Das war ich", sagte der Kopf stolz. „Hast du meinen Mann gesehen?"

Oben in der großen Halle schwang sich der Papagei auf seiner Stange hin und her und übte die verschiedenen Stimmen, als plötzlich ein knackendes Geräusch ertönte. Er schrie laut auf, als die Stange unter ihm zersplitterte, und flatterte aufgeregt durch die Halle. „Bei meiner linken Schwungfeder, was war das?" kreischte er.

„Hallo", sagte ein kleiner rotbrauner Kopf und lugte aus dem herabgefallenen Holzstück. „Ich hab meine Frau verloren. Hast du sie vielleicht gesehen?" Dann war er schon wieder verschwunden.

„Es ist an der Zeit", erklärte der Löwe, „daß wir einschreiten!"

„In der Tat, mein alter Freund", sagte der Papagei und machte die Stimme des Löwen nach.

„Sonst ist niemand mehr auf der Arche sicher", fuhr der Löwe fort, ohne sich unterbrechen zu lassen. „Diesen Holzkäfern, oder wie sie sich nennen, muß das Handwerk gelegt werden!"

„Holz*würmer*", sagte der Schakal.

„Wie bitte?" brummte der Löwe.

„Es sind Holz*würmer*. Auch wenn sie aussehen wie Käfer. Sie fressen sich durch das Holz."

Nach diesen Worten wurde es in der großen Halle totenstill, und die Tiere sahen einander betreten an. Die Arche aus Holz, in der sie sich zu Anfang so sicher gefühlt hatten, kam ihnen auf einmal sehr zerbrechlich vor. Sie hörten, wie der Regen aufs Dach trommelte und der Wind heulte. Auf dem stürmischen Meer schwankte die Arche ächzend auf und ab.

„Löcher!" schrie der Emu. „Ich sehe Tausende von Löchern! Die Arche wird versinken!"

„Ich wußte, daß irgend etwas Schreckliches passieren würde", sagte der Affe in seinem Ich-hab's-euch-ja-gesagt-Tonfall. „Die ganze Reise stand von Anfang an unter keinem guten Stern."

„Ich denke, wir sollten Herrn Noah berichten, was passiert ist", sagte der Dachs in seiner praktischen Art.

„Genau das wollte ich gerade vorschlagen", meinte der Löwe schnell. „Tiger, komm, laß uns gehen."

Als der Löwe und der Tiger bei Herrn Noah ankamen, da stellten sie fest, daß er schon Bescheid wußte. Rahel hatte ihm den zerbrochenen Schemel gezeigt. Noah eilte in die große Halle, begleitet von Löwe und Tiger.

„Was willst du jetzt machen, Herr Noah?" rief der Schakal ihm zu.

„Ich weiß es noch nicht", sagte Herr Noah nervös. „Ich muß erst nachdenken."

„Nun, ich würde nicht allzulange nachdenken", meinte der Affe säuerlich. „Sonst zerbricht die Arche in tausend Stücke."

„Flöhe sind zwar auch nichts Schönes", sagte der Igel und kratzte sich heftig. „Aber an Flöhe kann man sich gewöhnen. Holzwürmer sind etwas anderes – viel gefährlicher."

„Zuerst müssen wir die Holzwürmer einmal finden", sagte Herr Noah. „Und dazu brauchen wir jetzt absolute Ruhe ..."

Es wurde still, und alle versuchten angestrengt zu lauschen. Aber niemand, nicht einmal die Tiere, die besonders gut hören konnten, vernahmen auch nur das geringste Geräusch.

„Vielleicht haben sie sich schlafen gelegt", meinte der Dachs.

„Oder einen Gang nach draußen gegraben und sind ins Wasser gefallen", sagte der Esel, aber das konnte niemand so richtig glauben. Mit sehr gemischten Gefühlen legten sie sich an diesem Abend schlafen.

Es war schon spät, als Herr Noah in seine Kabine zurückkam, und er war sehr müde. Er warf sich aufs Bett, und schon bald schlief er tief und fest. Doch sein Schlaf wurde gestört, weil er träumte, die Arche würde sinken. Sie sank immer tiefer und tiefer – und erschreckt wachte Herr Noah auf.

„Hilfe!" rief er. „Was ist los?"

Dann merkte er es. Sein Bett war am Fußende zusammengebrochen.

„Tock ... tock ... tock ..."

„Bist du das, Holzwurm?" fragte Herr Noah gereizt.

Ein rotbrauner kleiner Kopf schob sich aus einem kleinen Loch in Herrn Noahs Bettpfosten hervor.

„Hat mich jemand gerufen?"

„Hast du gerade mein Bett kaputt gemacht?"

„Aber nein!" erwiderte der Holzwurm. „Ich habe nur einen Gang gegraben, um meine Frau zu suchen." Traurig schüttelte er den Kopf. „Aber sie ist nicht hier. Ich muß wohl woanders suchen."

„Halt", sagte Herr Noah. „Warte einen Augenblick. Wie hast du sie denn verloren?"

„Wir sind zusammen auf die Arche gekommen",

sagte der Holzwurm. „Und wir haben auch zusammen angefangen, einen Gang zu bohren. Wir bohren gern gemeinsam. Aber dann haben wir in verschiedene Richtungen gebohrt und uns verloren. Es ist wirklich sehr traurig."

„Ich schlage vor", meinte Herr Noah, „daß wir jetzt erst einmal deine Frau suchen. Gott weiß bestimmt, wo sie ist. Wir wollen ihn um Hilfe bitten."

Also setzte er sich auf seine Bettkante und bat Gott um Hilfe bei der Suche nach Frau Holzwurm.

Es klopfte an der Tür, und der Dingo kam herein.

„'Tfuldige die Ftörung, Herr Noah", sagte er, und es klang noch immer sehr verschnupft. „Aber ich habe den Kopf durch die Falltür gefteckt, um ein bißchen frife Luft abzubekommen, und da hab ich das Klopfen gehört …"

„Warte hier auf mich!" sagte Herr Noah zu Herrn Holzwurm und rannte zum Dach der Arche.

„Tock … tock … tock … tock …"

„Bist du das, Frau Holzwurm?" fragte Herr Noah.

„Ja, ich bin's", sagte Frau Holzwurm und steckte ihren Kopf heraus.

„Komm mit mir", sagte Herr Noah, „ich hab deinen Mann gefunden."

Zurück in seiner Kabine, konnte Herr Noah gerührt beobachten, wie die Holzwürmer sich über das Wiedersehen freuten. Aber er machte sich noch immer Sorgen.

„Was soll ich mit ihnen machen, Herr?" fragte er. „Was soll aus der Arche werden, wenn ich die beiden einfach weiter ihre Löcher bohren lasse?"

„Du scheinst ja nicht allzu viel Vertrauen in meine Pläne zu haben, Noah", erwiderte Gott.

„Doch, doch, Herr", protestierte Herr Noah.

„Meinst du denn, ich hätte nicht an die Holzwürmer gedacht? Sie sind genauso meine Geschöpfe wie du."

Herr Noah schwieg.

„Warum fragst du sie nicht selbst?" schlug Gott vor.

Herr Noah wandte sich an die Holzwürmer. „Was meint ihr?" fragte er. „Könnt ihr wohl jetzt, wo ihr euch wiedergefunden habt, mit dem Tunnelgraben aufhören?"

Die beiden sahen sich überrascht an. „Mit dem Tunnelgraben aufhören?" fragte Herr Holzwurm. „Aber nein, das ist völlig unmöglich."

„Aber ich mache mir Sorgen um die Sicherheit der Arche", sagte Herr Noah.

„Hast du das gehört? Er macht sich Sorgen um die Sicherheit der Arche!"

„Das soll wohl ein Witz sein", meinte Frau Holzwurm.

„Nein, nein, ich finde das überhaupt nicht lustig", sagte Herr Noah.

„Aber doch, und wie. Das Holz der Arche, Herr Noah, ist so hart, daß wir eine ganze Armee bräuchten, und es würde eine lange Zeit dauern, bis die Arche wirklich in Gefahr wäre."

„Deshalb haben wir uns ja auch weicheres Holz gesucht wie den Schemel und die Stange von dem Papagei", erklärte Frau Holzwurm.

„Und dein Bett", fügte Herr Holzwurm hinzu.

„Ach so." Herr Noah fühlte sich auf einmal wieder besser. Er hob Rahels zerbrochenen Hocker auf. „Wäre es euch denn recht, wenn ihr den Rest der Reise hier in diesem Hocker eure Gänge bohren könntet? Das würde den anderen Tieren bestimmt nichts ausmachen, und es ist wirklich schönes weiches Holz. Dann würdet ihr euch auch nicht mehr so schnell verlieren."

„Gute Idee", meinte Herr Holzwurm und nickte mit seinem kleinen, braunroten Kopf. „Wir tun alles, was du sagst."

„Nur nicht mit dem Tunnelgraben aufhören", sagte seine Frau.

„Natürlich nicht", stimmte Herr Holzwurm zu.

Herr Noah machte sich auf den Weg in die große Halle, um den anderen Tieren Bericht zu erstatten. Noch im Weggehen hörte er, wie das leise Klopfen und Nagen wieder anfing. Und dazwischen – noch leiser – hörte er, daß die Holzwürmer sich unterhielten.

„Nein, hier geht es lang ..."

„Nein, hier. Hier ist es besser. Komm ruhig hinter mir her ..."

Dann wurde das Reden und Klopfen immer schwächer, bis Herr Noah nichts anderes mehr hörte als den Regen, der auf die Arche schlug, und das Getöse des heulenden Windes.

Auf hoher See

„Es ist einfach nicht fair", sagte Frau Noah eines Morgens zu ihrem Mann. „Nie redet Gott mit mir, obwohl ich ihm oft Verbesserungsvorschläge mache." Sie runzelte die Stirn. „Jedenfalls finde ich, er hätte bestimmt eine andere Lösung finden können. Wenn ich Gott wäre, dann hätte ich dafür gesorgt, daß es gar nicht erst soweit kommt. Eine Flut zu schicken, um die ganze Welt zu zerstören! Was für eine Übertreibung!"

Frau Noah fühlte sich überhaupt nicht wohl an Bord. Es waren nicht die vielen Tiere oder die Enge oder womöglich der Regen, was sie störte. Es lag einfach daran, daß sie sehr ungern auf einem Schiff unterwegs war. Eine Seereise war ihr höchst zuwider. Als sie Herrn Noah heiratete, da hatte sie jedenfalls nicht vorgehabt, eine Seemannsfrau zu werden, so sagte sie immer wieder zu sich selbst.

„Ich finde es ziemlich unvernünftig von Gott, so etwas zu planen, ohne zuerst mit uns zu reden", fing Frau Noah nach einer kurzen Pause erneut an.

„Er hat doch mit mir geredet", sagte Herr Noah.

„Schon möglich", entgegnete seine Frau. „Aber warum hat er nicht auch mit *mir* gesprochen? Ich hätte ihm vielleicht ein paar gute Tips geben können."

Dazu konnte Herr Noah nur mit den Schultern zucken.

Frau Noah seufzte. „Gott wußte genau, daß du zu allem ja und amen sagen würdest. Du bist so weich wie Butter."

Herr Noah seufzte ebenfalls.

Von nun an blieb Frau Noah oft in ihrer Kabine. Und obwohl sie kochte und putzte und all die Dinge erledigte, für die sie verantwortlich war, wurde sie immer trübsinniger. Herr Noah machte sich Sorgen und versuchte, mit ihr zu reden.

„Du lachst gar nicht mehr", meinte er besorgt. „Früher warst du so ein fröhlicher Mensch."

„Was gibt's denn hier schon zu lachen?" gab sie schnippisch zurück.

Herr Noah seufzte. „Ich weiß, daß du viel zu tun hast und es nicht viel Abwechslung gibt. Aber wir sollten froh sein, daß wir überleben!"

„Hmm!"

Herr Noah ging davon und besprach die Sache mit Gott.

„Sie sagt, sie sei oft seekrank, aber ich vermute, das ist nicht das wirkliche Problem. Ich glaube, sie vertraut dir einfach nicht richtig, und deshalb ist sie so unglücklich. Könntest du nicht mal mit ihr reden?"

„Würde sie denn überhaupt zuhören?"

„Aber natürlich", meinte Herr Noah eifrig. „Sie erzählt mir immer, daß sie mit dir redet, aber du würdest ihr nie antworten."

„Sie redet nicht mit mir, Noah", sagte Gott, und es klang ein bißchen traurig. „Sie redet auf mich ein. Aber mach dir keine Sorgen. Ich werde mich schon darum kümmern."

Ein paar Tage später entdeckte Frau Noah Jafet ganz allein in einer Ecke der Arche sitzen. Frau Noah hatte alle ihre Söhne und auch deren Frauen sehr gern, aber Jafet, ihr Jüngster, war ihr besonderer Liebling, und als sie sah, daß er weinte, machte sie sich große Sorgen.

„Was ist denn los?" fragte sie.

„Ach, Mutter, das kann ich dir nicht sagen. Ich kann es niemandem sagen."

„Natürlich kannst du das. Was ist los?"

„Ach", bekannte Jafet. „Es sind die wilden Tiere. Ich habe Angst vor ihnen. Nein, nicht nur Angst. Ich habe richtige Panik. Ich habe versucht, darüber wegzukommen, ehrlich. Aber es wird nicht besser. Es wird immer schlimmer. Und Sem und Ham kann ich es auch nicht sagen. Sie würden mich nur auslachen und sagen, ich wäre dumm. Und ich weiß ja selbst, daß es dumm ist."

Frau Noah nahm ihn in die Arme.

„Der Gedanke, hier Monate oder vielleicht noch länger eingesperrt zu sein, macht mich verrückt", schluchzte er. „Und wenn ich diesen Löwen sehe, dann zittern mir regelrecht die Knie. Oder wenn der Tiger gähnt und all seine scharfen Zähne zeigt. Dann stelle ich mir vor, wie es wäre, wenn er mich fressen wollte, und dann wird mir richtig schlecht. Was soll ich denn tun?"

Frau Noah schwieg einen Augenblick. „Hast du schon mit Vater gesprochen?" fragte sie schließlich.

„Mit Vater?" Jafet richtete sich auf. „O nein. Wie könnte ich mit ihm darüber reden? Er würde meinen, ich wollte ihn im Stich lassen. Ich würde mich furchtbar schämen. Du darfst ihm nichts davon sagen. Versprich es mir!"

„Wenn du es nicht willst, natürlich nicht", versprach sie. „Weißt du was, steig doch einfach ein bißchen aufs Dach und schnapp ein wenig frische Luft. Ich will mir in der Zwischenzeit überlegen, was wir machen können."

Als er gegangen war, dachte Frau Noah angestrengt nach. Aber es wollte ihr partout nichts einfallen, und so fing sie schließlich an, mit Gott zu reden.

„Jetzt hör mir einmal zu, Gott", sagte sie ernst. „Du hast uns in diesen ganzen Schlamassel hineingebracht. Deshalb ist es auch deine Pflicht, dich um Jafet zu kümmern."

Gott hörte ihr zu, sagte aber nichts.

In den nächsten Tagen erledigte Jafet zwar weiter seine Arbeit, aber ein paar der Tiere merkten, daß irgend etwas nicht stimmte.

„Wißt ihr was?" sagte der Gorilla. „Ich bin plötzlich vor ihm aufgetaucht und habe ‚Buh' gerufen, und er wäre fast in Ohnmacht gefallen!"

83

„Warum hast du das getan?" fragte der Schakal. „Das ist doch albern!"

„Ich hab gedacht, es wäre lustig", sagte der Gorilla. „Einfach so als Zeitvertreib."

Der Tiger lächelte träge. „Ich muß schon zugeben, daß es Spaß macht, ihn zu erschrecken", sagte er. „Als ich vor ein paar Tagen meine Zähne gefletscht habe, da dachte ich, er bekommt einen Herzinfarkt."

„Jaja, ein kleiner Geist gibt sich auch mit wenigem zufrieden", spottete der Schakal. Der Tiger sprang auf.

„Wen nennst du hier klein?" fragte er mit drohender Stimme.

„Nun leg dich wieder hin und sei still", wehrte der Schakal ab. „Mir jagst du jedenfalls keine Angst ein."

„Also, ich persönlich finde, es ist nicht nett, dem Jungen solche Angst zu machen", schaltete sich das Rhinozeros ein. „Er ist doch völlig harmlos, oder nicht?"

„Ja, aber er hat kein Rückgrat", sagte der Wolf und fletschte seine scharfen Zähne. „Ich würde mich schämen, wenn er eins von meinen Jungen wäre. Er muß zäher werden."

„Aber das wird er nicht, wenn ihr ihm Angst macht", meinte das Rhinozeros bestimmt.

„Was ihm fehlt, ist dein dickes Fell", grinste der Fuchs.

Während die Tiere sich weiter über Jafet unterhielten, wuchs dessen Angst mit jedem Mal, wenn er die große Halle betreten mußte. Als Hanna, seine Frau, ihn fragte, ob er krank sei, da nahm er diese Entschuldigung gern auf und legte sich ins Bett. In der Zwischenzeit war auch Frau Noah nicht untätig. Jeden Tag redete sie mit Gott und forderte ihn auf, doch etwas zu tun.

„Ich verlange doch nicht mehr, als daß du meinem armen Sohn etwas Mut machst, Gott. Das ist doch nicht zu viel verlangt, oder? Ich weiß ja, daß du alle Hände voll zu tun hast, um die Erde zu überschwemmen und so. Aber soviel Zeit wirst du doch noch haben, um Jafet ein bißchen zu helfen. Es wäre doch nicht für lange. Es ist jetzt schon eine Woche her, seit ich das erste Mal mit dir darüber geredet habe, und was hast du getan? Nichts. Da kann man schon am Glauben irre werden."

Genau in diesem Moment kam Herr Noah in die Kabine.

„Was machst du denn da?" fragte er.

„Ich habe Gott gerade mal ordentlich die Meinung gesagt", erklärte Frau Noah bestimmt.

„Ach? Warum denn das?"

„Hmm", begann Frau Noah, doch dann fiel ihr ein, was sie Jafet versprochen hatte. „Es ist etwas passiert, und Gott weiß davon. Aber obwohl ich ihm ständig sage, er solle etwas unternehmen, hab ich das Gefühl, er will gar nichts davon wissen."

„Aber hör mal", widersprach Herr Noah. „Du kannst Gott doch nicht vorschreiben, was er tun soll. Er weiß viel besser als wir, was wir brauchen, und er wird unsere Gebete auf seine Art und zu seiner Zeit beantworten."

„Das ist ja alles gut und recht", schniefte Frau Noah. „Aber soviel Zeit haben wir gar nicht, und mir scheint, seine Antworten bestehen einfach immer darin, daß er gar nichts macht."

„Da wäre ich mir nicht so sicher", erwiderte Herr Noah. „Worum geht es denn überhaupt?"

„Das kann ich dir nicht sagen. Es wurde mir im Vertrauen gesagt."

„Wahrscheinlich hat einer der Jungen ein Problem", sagte Herr Noah weise. „Warum versuchst du nicht einmal, es ganz ruhig mit Gott zu besprechen, anstatt ihm Vorschriften zu machen? Ich mag es gar nicht, wenn man mir Vorschriften macht, und ich könnte mir vorstellen, daß Gott es auch nicht allzu gern hat."

Er ging und ließ Frau Noah allein in der Kabine zurück. Zuerst war sie ziemlich böse auf ihren Mann, so böse, wie sie auch auf Gott war. Doch dann begann sie darüber nachzudenken, was er gesagt hatte.

„Hat er etwa recht, Gott?" fragte sie schließlich. „Mache ich dir Vorschriften?"

„Ja", sagte Gott, „genau das machst du."

„Bist du das, Gott?" Frau Noah war höchst erstaunt, daß da jemand antwortete.

„Ja", sagte Gott.

„Schreibe ich dir wirklich vor, was du tun sollst?" fragte Frau Noah.

„Leider ja", antwortete Gott.

Darüber mußte Frau Noah erst einmal nachdenken. „Es tut mir leid, wenn ich unverschämt war", sagte sie schließlich. „Es ist nur, weil ich mir solche Sorgen mache. Es scheint immer alles schiefzugehen. Und du redest nie so zu mir wie zu Noah."

„Ich rede jetzt mit dir", sagte Gott.

„Ja", sagte Frau Noah. „Vielen Dank."

Sie schwieg einen Augenblick. Dann sagte sie mit leiser Stimme. „Bitte, könntest du Jafet nicht helfen?"

„Aber natürlich", antwortete Gott. „Wir werden ihm gemeinsam helfen."

Etwas später ging Frau Noah in die große Halle. Sie ging schnurstracks durch das Gewimmel der vielen Tiere hindurch auf den Löwen und den Tiger zu.

„Löwe, Tiger, ich brauche eure Hilfe", sagte sie.

„Es wird mir ein Vergnügen sein, gnädige Frau", entgegnete der Löwe zuvorkommend.

„Mir auch", meinte der Tiger und kratzte sich träge.

Am Abend, als die meisten Tiere bereits schliefen, führte Frau Noah einen kreidebleichen Jafet in die große Halle. Der Löwe und der Tiger erwarteten sie.

„Also", sagte sie zu ihrem Sohn. „Du brauchst wirklich keine Angst zu haben. Sieh sie dir nur an. Sie sind sanft wie große Katzen."

Der Löwe zuckte etwas zusammen, aber der Tiger grinste nur und begann mit seiner tiefen Stimme zu schnurren.

„Es tut mir leid, daß ich mich so anstelle", sagte Jafet und schluckte heftig. „Aber es sind eure Zähne ... und eure Krallen ... sie machen mir Angst. Ihr seid beide so stark."

„Nun", sagte der Löwe geschmeichelt. „Ich bin ja auch der König des Dschungels, der Herr der Tiere. Es ist keine Schande, Angst zu haben, junger Mann. Nein, im Gegenteil. Es ist sogar sehr vernünftig."

„Wirklich?" fragte Jafet.

„Aber ja. Obwohl wir dir natürlich nichts tun würden."

„Wir würden dir nicht ein Härchen krümmen", fügte der Tiger hinzu.

„Wir haben nämlich mit Herrn Noah eine Vereinbarung getroffen, mußt du wissen. Solange wir hier auf der Arche sind, werden wir keine anderen Tiere jagen."

„Und schon gar nicht auffressen", warf der Tiger selbstherrlich ein.

„Du bist also völlig sicher", sagte der Löwe.

Der Tiger streckte seine Pranke aus. „Komm, schüttle mir die Hand", sagte er.

Jafet warf einen Blick auf die scharfen Krallen und holte tief Luft. Dann streckte er einen Arm aus und gab zuerst dem Tiger und dann dem Löwen feierlich die Hand.

„Jetzt fühle ich mich besser", sagte er.

„Du bist ein guter Junge", meinte der Löwe. „Mach dir nur keine Sorgen. Wir werden schon auf dich aufpassen."

Jafet lächelte und ging ins Bett.

„Danke, Gott", sagte Frau Noah, als sie in ihre Kabine zurückgekehrt war.

„Ist schon gut", entgegnete Gott. „Ach, Frau Noah …"

„Ja?"

„Bist du immer noch unglücklich, weil du hier auf der Arche sein mußt?"

„Daran habe ich schon gar nicht mehr gedacht", meinte Frau Noah, und sie mußte lächeln.

Ich bin nun mal
ein Einzelgänger

Gott hatte Herrn Noah schon vor dem Bau der Arche ganz genau erklärt, was für Futter die einzelnen Tiere brauchten und wie sie lebten: ob sie lieber kopfüber von einem Balken herunterbaumelten – wie die Fledermäuse –, ob sie sich in irgendwelchen Spalten versteckten – wie die Eidechsen – oder ob sie sich gern im Schlamm wälzten – wie die Nilpferde. Herr Noah hatte sich bemüht, die Arche so einzurichten, daß alle sich wohlfühlen konnten. Doch als die Reihe an die beiden Pandabären kam, da kratzte er sich am Kopf und wußte nicht mehr weiter. Gott hatte ihm nicht allzu viel über diese scheuen Tiere berichtet – außer daß sie Bambussprossen fraßen, aber sonst nicht besonders anspruchsvoll wären.

Als die Pandas auf der Arche eintrafen, da nahmen sie Herrn Noah gleich zur Seite.

„Ich mag keine anderen Tiere", sagte das Pandamännchen barsch. „Weiß nie, worüber ich mit ihnen reden soll."

„Verstehe", erwiderte Herr Noah.

„Ich mag sie auch nicht", sagte die Pandafrau. „Sie sind so furchtbar laut."

„Nicht alle", meinte Herr Noah.

Die Pandafrau starrte ihn mit ihren großen dunklen Augen an. „Ich halte lieber Abstand", sagte sie.

„Ist das nicht ein bißchen einsam?" fragte Herr Noah.

„Weiß nicht", sagte die Pandafrau. „Darüber habe ich noch nie nachgedacht. Ich war immer allein."

„Kannst du mir wohl sagen", meinte der Pandabär mit lauter Stimme, „wo mein Revier sein soll?"

„Dein Revier?" wiederholte Herr Noah.

„Ja. Mein Gebiet – der Teil der Arche, in dem ich mich frei und ungestört bewegen kann?"

Herr Noah war verwirrt. „Aber ihr könnt beide hingehen, wo ihr wollt", sagte er. „Allein oder zusammen."

Die Pandabären schüttelten den Kopf.

„Nicht zusammen", sagte die Pandafrau bestimmt. „Ich laufe lieber allein herum."

„Ich auch", stimmte der Pandamann zu.

„Nun, wenn ihr wollt …", begann Herr Noah zweifelnd.

„Ja, ja", beruhigte ihn der Pandamann. „Genau das wollen wir. Wir halten gern Abstand."

„Na schön", sagte Herr Noah. „Aber ihr kommt doch heute abend zur Begrüßung in die große Halle, nicht wahr?"

Der Pandabär schüttelte den Kopf. „Nein", sagte er. „Ich nicht."

„Ich auch nicht", sagte die Pandafrau, und sie ließen Herrn Noah stehen und wanderten davon, beide in eine andere Richtung.

Danach sah Herr Noah sie kaum einmal wieder. Manchmal erwischten er oder seine Söhne gerade noch einen Blick von ihnen, wenn sie einen Gang entlangschlenderten oder eine Treppe hinaufstiegen. Ansonsten deutete nichts weiter darauf hin, daß die beiden Pandas noch immer an Bord der Arche waren, als die zernagten Reste der Bambussprossen, die er ihnen als Futter hinlegte. Wenn eines der anderen Tiere mit ihnen sprechen wollte, dann liefen die Pandas einfach weiter, ohne auch nur ein Wort zu sagen.

„Brauchen die denn keine Freunde?" wunderte sich der Eisbär, als er einmal einen großen schwarzweißen Schatten am Ende des Gangs verschwinden sah.

„Anscheinend nicht", erwiderte seine Frau behaglich.

„Hm", meinte der Eisbär und schüttelte den Kopf. „Ich weiß gar nicht, ob ich Mitleid mit ihnen haben soll oder nicht."

Ein paar von den anderen Tieren sagten es deutlicher. „Das ist doch nicht normal", erregte sich die Emufrau. „Wenn sie nichts mit uns zu tun haben wollen, dann ist das ja schön und gut, obwohl ich schon sagen muß, daß ich es ziemlich hochnäsig finde. Aber sie sollten doch wenigstens zusammen herumlaufen und nicht getrennt. Mein Mann und ich sind immer zusammen, nicht wahr, mein Lieber?"

Ihr Mann nickte, meinte jedoch etwas wehmütig: „Ab und zu wäre es vielleicht ganz schön, auch einmal allein zu sein."

„Unsinn", sagte seine Frau schnippisch. „Das würde dir gar nicht gefallen. Und überhaupt", redete sie weiter. „So was sollte einfach nicht erlaubt sein. Herr Noah sollte ihnen sagen, daß sie sich in China, oder wo sie sonst herkommen, so aufführen können, aber nicht hier auf der Arche."

„Ach, laßt sie doch in Ruhe", sagte der Schakal ungeduldig. „Manchmal denke ich, die Pandas haben recht. Zumindest müssen sie sich nicht ständig das Gesabber anderer Leute anhören." Doch das hörte die Emufrau schon nicht mehr, denn sie war bereits davongeeilt, um mit Herrn Noah zu reden.

Bald fanden die Tiere ein anderes Gesprächsthema, und die Pandas gerieten in Vergessenheit. Tag für Tag wanderten sie bedächtig durch die Arche, und ihre großen Köpfe wackelten von einer Seite zur anderen. Nur selten begegneten sie einem der anderen Tiere, und noch seltener ihrem Partner.

Doch nach einer Weile wurde die Pandafrau neugierig. Obwohl sie nie die große Halle betrat, in der sich Tiere in allen Größen und Farben tummelten, blieb sie manchmal einfach auf der Schwelle stehen und spähte hinein. Sie sah die Tiere zu zweit oder dritt oder sogar in ganzen Gruppen zusammenstehen und miteinander reden, spielen, essen. Sie sah, wie sie sich balgten und lachten und manchmal auch miteinander kämpften. Die Pandafrau konnte darüber nur staunen. „Worüber unterhalten die sich bloß?" überlegte sie.

Pandabären haben keine festen Schlafstellen. Sie schlafen, wenn sie müde werden, ganz egal, wo sie sich gerade befinden. Manchmal schlafen sie tagsüber und manchmal in der Nacht.

Eines Nachts schlich sich die Pandafrau in die große Halle. Leise lief sie zwischen den schlafenden Tieren umher und sah sie aufmerksam an. Wie seltsam das alles ist, dachte sie. Vielleicht sind sie gern beieinander.

Und ganz allmählich fing sie auch an, sich um den anderen Pandabären auf der Arche Gedanken zu machen. Sie begann hinter ihm herzulaufen, und sie begegneten sich, wie es schien rein zufällig, immer öfter. Doch wenn sie versuchte, mit ihm zu reden, dann drehte er sich um und stapfte davon, nicht schnell, aber doch ziemlich bestimmt. Als sie nicht mehr wußte, was sie tun sollte, ging die Pandafrau zu Herrn Noah.

„Es tut mir leid, wenn ich dich störe", sagte sie.

„Das macht doch nichts", erwiderte Herr Noah. „Deshalb bin ich ja hier."

„Vielleicht kannst du dich noch erinnern", begann sie. „Als wir ankamen, habe ich gesagt, ich sei lieber allein. Nun, damals hat das auch gestimmt. Es hat mir gefallen. Ich habe ja auch nichts anderes gekannt. Aber jetzt habe ich gesehen, wie die anderen Tiere sich unterhalten und zusammen essen – und irgendwie gefällt mir das." Sie schwieg.

„Ja?" sagte Herr Noah aufmunternd.

„Ich glaube", fuhr die Pandafrau fort, „ich würde gern ein paar von den anderen Tieren kennenlernen. Es ist doch ziemlich einsam so allein."

Herr Noah machte die Pandafrau mit ein paar Tieren in der großen Halle bekannt. Obwohl sie zunächst sehr schüchtern tat, wurde die Sache doch ein großer Erfolg, denn die anderen Tiere waren alle sehr neugierig und gespannt darauf, sie kennenzulernen.

„Warum hast du so schwarze Ringe um die Augen?" fragte die Schwalbe und kam ihm Sturzflug herab, um die Pandafrau von nahem zu betrachten.

„Das weiß ich nicht", meinte die Pandafrau schüchtern.

„Hast du dich mit jemandem geschlagen?" fragte der Ameisenbär.

„Nein. Ich habe mich noch nie mit jemandem geschlagen."

„Sei nicht so unverschämt", meinte das Warzenschwein mißbilligend. „Du hättest es bestimmt auch nicht gern, wenn jemand daherkäme und dich wegen deiner großen Nase fragte."

„Och, das würde mich nicht stören", wehrte sich der Ameisenbär. „Immer noch besser, als am ganzen Körper so auszusehen wie du."

Das Warzenschwein grinste selbstbewußt. Ihm war es völlig egal, wie es aussah.

Doch trotz ihrer neuen Freunde konnte die Pandafrau natürlich ihren Mann nicht vergessen, der noch immer allein durch die Arche irrte.

„Schließlich sind wir beide Pandas", erklärte sie Herrn Noah. „Wir müssen doch irgend etwas gemeinsam haben. Irgend etwas, worüber wir uns unterhalten könnten." Sie überlegte einen Augenblick. „Was für Bambussorten wir am liebsten mögen, zum Beispiel."

„Vielleicht ist er schüchtern", meinte Herr Noah. „Warum lädst du ihn nicht einmal zum Kaffee zu Frau Noah und mir ein?"

„O ja, das werde ich machen", sagte die Pandafrau und ging los, um ihren Mann zu suchen. Doch sie konnte ihn nicht finden. Und was noch beunruhigender war, er hatte die Bambussprossen, die als Futter für ihn ausgelegt worden waren, seit mindestens drei Tagen nicht angerührt.

Die Pandafrau eilte zu Herrn Noah.

„Wo kann er bloß sein?" fragte sie besorgt.

„Ich weiß es nicht", sagte Herr Noah und fügte beruhigend hinzu: „Aber wenn er noch auf der Arche ist, dann werden wir ihn schon finden."

Herr Noah stellte einen Suchtrupp zusammen, er und die anderen Tiere suchten überall. Doch es war die Pandafrau, die ihn schließlich fand. Er saß im

Stockfinstern, am Fuße einer steilen Leiter, ganz unten im Laderaum der Arche.

„Ich bin abgerutscht und habe mir das Bein verletzt", erklärte er seiner Frau, „und ich konnte nicht mehr raufklettern. Ich hab entsetzlichen Hunger."

Die Pandafrau versuchte ihn hochzuheben, aber dafür war er zu schwer.

„Ich hole Hilfe", versprach sie.

Sie suchte Herrn Noah. Der rannte zusammen mit den anderen Tieren zur Leiter und spähte hinunter in die Dunkelheit.

„Hast du dir sehr weh getan?" fragte Herr Noah.

„Nein", antwortete der Panda knapp. „Nur das Bein. Wenn du mir heraushelfen könntest, wäre ich dir sehr dankbar."

Die beiden Gorillas, die sehr stark waren, schwangen sich die Leiter hinunter und bildeten mit dem Eisbär und dem Löwen eine Kette. Gemeinsam hievten sie den Panda aus dem Laderaum.

Nachdem er sich sattgegessen und einen Verband um sein Bein bekommen hatte, erhob er sich.

„Vielen Dank, daß du mich gerettet hast und alles", sagte er zu Herrn Noah. „Wirklich, vielen Dank. Aber jetzt muß ich gehen."

„Wirklich?" fragte Herr Noah.

„Aber ja." Langsam sah der Pandabär sich in der großen Halle um, in der es sehr laut und lebhaft zuging. „Weißt du, ich bin nun mal ein Einzelgänger."

Die Pandafrau sah ihn an.

„Das habe ich auch gedacht", sagte sie. „Aber ich habe meine Meinung geändert. Wir sind alle aufeinander angewiesen. Denk doch nur, was passiert wäre, wenn wir dich nicht gefunden hätten … Du hättest sterben können!"

„Kann sein", meinte der Panda. „Aber ich fühle mich wohler, wenn ich allein bin." Er zuckte die Schultern. „Das liegt in meiner Natur. Ich kann es auch nicht ändern."

„Stimmt", sagte Herr Noah. „Aber Gott kann es." Er lächelte den beiden zu und ging still davon.

Ein paar Tage später, als er gerade das Abendessen aus der Küche in die große Halle brachte, sah Herr Noah nicht nur einen, sondern zwei Pandabären, die sich ganz langsam von ihm entfernten. Gemeinsam gingen sie den Gang hinunter, ihre großen Köpfe wackelten zufrieden im Takt von einer Seite zur anderen.

„Danke, Herr", sagte Herr Noah. „Ich habe ja gewußt, daß du helfen würdest."

Er lächelte immer noch, als er die große Halle betrat.

„Ich weiß gar nicht, was es hier zu lachen gibt", meinte der Affe säuerlich. „Es regnet schließlich immer noch, oder nicht?"

„Natürlich", sagte Herr Noah. „Es regnet immer noch. Aber ansonsten ist heute doch ein schöner Tag gewesen."

Paß auf,
wo du hintrittst

Es war der neununddreißigste Tag der großen Reise. Neununddreißig Tage waren vergangen, seit Gott den Regen geschickt hatte, um die Erde zu überschwemmen, und jeden Tag hatten Herr Noah oder einer seiner Söhne auf einer riesigen Tafel in der großen Halle ein Kreuz gemacht. Jeden Tag hatten sich die Tiere vor der Tafel versammelt – obwohl nur die wenigsten von ihnen lesen konnten –, um zu sehen, wie viele Tage es noch regnen würde.

„Jetzt laßt mich einmal überlegen", sagte die Eule und starrte auf die Tafel, ohne auch nur einmal mit der Wimper zu zucken. „Heute regnet es seit neununddreißig Tagen."

„Länger nicht?" bemerkte der Schakal düster. „Mir kommt es vor wie eine Ewigkeit."

„Und Gott hat gesagt, es würde vierzig Tage regnen. Das heißt ..." Die Eule, die gern rechnete, überschlug die Zahlen schnell im Kopf. „Das heißt, daß nur noch ein Regentag übrigbleibt", schloß sie triumphierend.

„Kommt drauf an, ob du auch die Nächte mitgezählt hast", sagte der Affe.

„Wie meinst du das?"

„Herr Noah hat uns erzählt, daß Gott gesagt hat, es würde vierzig Tage und vierzig Nächte regnen", erklärte der Affe und grinste spöttisch. „Aber du hast jetzt nur die Tage gezählt."

„Heißt das", fragte die Giraffe, die immer ein bißchen schwer von Begriff war, „daß es, wenn es morgen vierzig Tage geregnet hat, nun noch einmal vierzig Nächte dauern wird, bevor der Regen aufhört?"

„Unsinn", sagte der Gorilla, der herübergekommen war, um zu sehen, was los war.

„Wieso nicht?" fragte die Giraffe.

„Weil wir nachts geschlafen haben. Deshalb haben wir nicht gemerkt, daß es auch nachts geregnet hat", erklärte der Gorilla geduldig.

Die Giraffe schüttelte den Kopf. „Das verstehe ich nicht", sagte sie und legte verwirrt die Stirn in Falten.

„Mach dir nichts draus", meinte die Eule freundlich. „Ich würde mir deswegen keine Sorgen machen."

Die Tiere achteten alle sehr darauf, daß die Giraffe sich keine Sorgen machte, denn sie regte sich immer sehr schnell auf.

Die Giraffe überlegte noch einen Moment, aber dann hellte sich ihre Miene auf. „Habe ich euch schon die Geschichte von dem See erzählt, der nicht austrocknen wollte?" fragte sie gespannt.

Die Tiere seufzten und richteten sich darauf ein, eine sehr lange und nicht besonders lustige Geschichte anzuhören. Aber niemand beschwerte sich, denn sie alle mochten die Giraffe sehr gern. Nur der Hund blieb mit angestrengter Miene vor der Tafel stehen.

„Neununddreißig und eins ist ...", murmelte er vor sich hin. „Neununddreißig und eins ist ..." Kopfrechnen war nicht seine Stärke.

Ganz am Anfang, als die Tiere auf die Arche gekommen waren, da war Herr Noah sehr erleichtert gewesen, als er merkte, daß die beiden Giraffen tatsächlich hineinpaßten.

„Es langt ... gerade so", murmelte er. „Ich bin froh, daß ich mich genau an Gottes Anweisungen gehalten und nicht versucht habe, hier und da eine Ecke auszusparen."

Es gab zwar nicht viele Stellen auf der Arche, an denen die Giraffen aufrecht stehen und ihre Hälse recken konnten, ohne sich den Kopf zu stoßen, doch die Giraffenfrau nahm das ganz gelassen: „Wir haben es immer noch viel besser als ein paar von den schwereren Tieren. Die Ärmsten!"

Sie sah nach den zwei Elefanten. „Wir bringen wenigstens die Arche nicht gleich zum Kentern, wenn wir beide auf einer Seite stehen."

Die Giraffenfrau war nicht ganz so groß wie ihr Mann. Wenn sie umherwanderte, dann paßte sie gut auf, wo sie hintrat. Ihr Mann hatte größere Schwierigkeiten.

„He! Paß doch auf, wo du hintrittst!" quiekte die Haselmaus aufgeregt, als der Giraffenmann sie fast zerquetscht hätte.

„Entschuldige bitte!" sagte die Giraffe.

„Achtung!" schrie das Meerschweinchen.

„Meine Güte", sagte die Giraffe. Sie setzte einen Fuß auf den Boden ... und hob ihn sofort wieder hoch, als sie an den Igel gestupst hatte.

„Au!" Besorgt beugte sie den langen Hals hinunter. „Habe ich dir weh getan?" fragte sie den Igel.

„Nein, nein, mir nicht", erwiderte der Igel. „Aber was ist mit dir? Hast du dir weh getan? Es tut mir schrecklich leid, daß ich dir in den Weg gekommen bin."

„Manche Tiere können einfach nicht aufpassen, wo sie hintreten", näselte die Emufrau.

„Er kann doch wirklich nichts dafür", meinte der Ameisenbär. „Wie kann man überhaupt etwas sehen, wenn man den Kopf so weit oben trägt? Ich schnüffle lieber am Boden entlang. Da kann ich die Ameisen viel besser beobachten", fuhr er fort und leckte sich die Lippen.

„Danke bestens", sagte die Ameise.

„Es ist wirklich schwierig", sagte der Giraffenmann. „Meine Frau kommt ganz gut zurecht. Aber ich bin furchtbar ungeschickt. Schon immer. Tut mir leid."

Er blinzelte nach unten, bevor er ganz vorsichtig einen Schritt nach vorn machte. Wieder falsch! Ein lautes Quieken übertönte den Lärm in der großen Halle.

„Bitte, ich wäre doch sehr dankbar, wenn du ... wenn du dich aus meinem Stall entfernen könntest", sagte das Schwein. „Meine Süße versucht gerade zu schlafen." Seine Frau grunzte.

„Tut mir schrecklich leid", sagte der Giraffenmann bedauernd.

Er bewegte sich in die andere Richtung, aber das war auch nicht besser. Es gab ein lautes Platschen, als er in das Wasserbecken plumpste, das für die Reptilien und all die anderen Tiere angelegt war, die gern badeten.

Die Krokodile rissen ihre Mäuler auf und verfehlten das Nilpferd nur um ein paar Zentimeter. Das Nilpferd versuchte sich schleunigst davonzumachen, und die ganze Arche erbebte unter seinem Gewicht. Darüber mußten die beiden Elefanten furchtbar lachen. Währenddessen bemühte sich die arme Giraffe, wieder aus dem Becken zu klettern.

„Hilfe! Holt mich hier raus! Hilfe!"

Doch sie rutschte immer wieder ins Becken hinein, fiel dabei gegen den Wasserbüffel und schubste ihn seitlich gegen das Rhinozeros. Das Wasser spritzte hoch und hinterließ auf dem Boden der großen Halle eine riesige Pfütze. Alle rutschten und stolperten durcheinander und machten einen Riesenkrach. Herr und Frau Noah kamen eilig angerannt, um zu sehen, was passiert war.

Nun wurde die Giraffe schnell aus dem Becken gehievt, und da stand sie nun, kerzengerade und tropfnaß und furchtbar unglücklich.

„Es tut mir leid", wiederholte sie wieder und wieder. „Es tut mir so furchtbar leid."

Sie war wirklich so geknickt, daß ihr niemand lange böse sein konnte.

„Wir sollten dir dankbar sein", meinte der Fuchs und schüttelte ein paar Wassertropfen aus seinem buschigen Schwanz, „daß du uns den langweiligen Abend etwas aufgelockert hast. An Unterhaltung wird hier ja sonst nicht viel geboten."

Eine große Träne rollte der Giraffe über die Nasenspitze und tropfte herab.

„Du brauchst doch nicht zu weinen", tröstete sie die Schwalbe, die oben in der Luft ihre Kreise zog. „Keiner macht dir einen Vorwurf."

„Ich bin so dumm und ungeschickt", sagte der Giraffenmann. „Ich weiß wirklich nicht, wieso Gott mich hier auf der Arche haben wollte. Er hätte mich draußen lassen sollen, damit ich ertrinke!"

Wieder rollte eine Träne über seine Wangen.

„Ach was", sagte der Schakal. „Kopf hoch! Auf dem Meer passieren noch viel schlimmere Sachen."

„Wir sind hier auf dem Meer", erinnerte ihn der Löwe.

Aber nichts konnte dem Giraffenmann helfen. Als er dann noch versehentlich dem Hund auf den Schwanz trat, da stand sein Entschluß fest. Er stellte sich genau in der Mitte der großen Halle auf und schloß die Augen.

„Ihr braucht euch keine Sorgen mehr zu machen", erklärte er. „Keiner. Ich bleibe jetzt einfach hier stehen und werde mich nicht mehr bewegen, bis die Reise vorüber ist. Ich tue einfach so, als wäre ich aus Holz."

Und dort fand Herr Noah ihn ein paar Stunden später.

„Nun komm schon, alter Junge", sagte er. „Du kannst doch nicht für den Rest der Reise hier stehen bleiben. Du bekommst ja einen Krampf."

„Aber wenn ich mich bewege, dann trete ich womöglich auf jemanden drauf", sagte der Giraffenmann. „Lieber bekomme ich einen Krampf, als daß ich auf jemanden drauftrete." Seine Unterlippe zitterte. „Ich bin so ungeschickt, Herr Noah. Und außerdem habe ich so eine lächerliche Figur. Zu Hause ist das gar nicht so aufgefallen, aber hier bin ich so furchtbar nutzlos und bringe alle anderen in Gefahr."

„Nein, das stimmt gar nicht", sagte Herr Noah bestimmt. „Hör zu, ich werde einmal mit Gott darüber sprechen. Er weiß bestimmt Hilfe."

„... und er kann doch nicht für den Rest der Reise dort so stocksteif stehen bleiben", schloß Herr Noah, nachdem er Gott das Problem geschildert hatte. „Ich weiß bloß nicht, was wir tun könnten."

Er dachte einen Augenblick nach. „Er braucht eine Aufgabe. Irgend etwas, was ihm das Gefühl gibt, gebraucht zu werden."

„Seine Zeit wird noch kommen", sagte Gott. „Später wird es für ihn eine Aufgabe geben. Aber bis dahin sprichst du am besten mit den anderen Tieren. Sie sind bestimmt bereit zu helfen."

Also bat Herr Noah die anderen Tiere um Hilfe. Er sprach zuerst mit den großen Tieren, aber es waren schließlich die kleinen, die eine Lösung wußten.

„Wenn ich neben dem Giraffenmann herfliege, dann kann ich ihn rechtzeitig warnen", erklärte die Schwalbe.

„Und ich kann neben ihm herlaufen und laut rufen, wenn jemand im Weg ist", schlug die Haselmaus vor.

„Ich kann auch helfen", meinte der Igel.

„Wenn es ihm nichts ausmacht, dann kann ich auf seinen Rücken klettern und die Nachrichten weiterleiten", sagte der Koalabär. „Ich werde nicht so leicht schwindlig."

Der Giraffenmann war überwältigt von so viel Hilfsbereitschaft.

„Danke", sagte er. „Danke."

Die Tiere übernahmen ihre Aufgaben.

„Platz da, Platz da", rief der Hund mit wichtiger Stimme. „Die Giraffe will einen Schritt laufen!"

„Etwas nach links", piepste die Haselmaus, als der Giraffenmann vorsichtig einen Fuß hob.

„Etwas nach links", wiederholte der Koalabär.

Die Giraffe bewegte sich etwas nach links.

„Vorsicht! Vorn ist ein Käfer", warnte die Schwalbe.

„Um mich braucht ihr euch keine Sorgen zu machen", erklärte der Käfer. „Ich kann euch ausweichen. Aber paßt auf den Tausendfüßler auf. Er kommt dort drüben von rechts."

„Tausendfüßler rechts!" rief der Igel.

„Tausendfüßler rechts!" wiederholte der Koalabär.

Und so konnte der Giraffenmann nun mit Hilfe seiner Freunde bedenkenlos durch die Arche spazieren.

Am vierzigsten Tag der Reise sahen die Eule und viele der anderen Tiere aufmerksam zu, wie Herr Noah wieder ein großes Kreuz auf seine Liste setzte.

„Vierzig", sagte die Eule. „Heute ist der vierzigste Tag."

„Neununddreißig und eins ist vierzig", murmelte der Hund leise. „Neununddreißig und eins ist vierzig. Das muß ich mir merken."

Plötzlich kam der Adler von seinem Balken heruntergeschwebt.

„Der Regen", rief er mit tiefer Stimme, „der Regen hat aufgehört!"

Ein vielstimmiger Seufzer ertönte in der Halle.

„Gott hat sein Versprechen gehalten", sagte Herr Noah.

Er lächelte den Tieren, die plötzlich alle verstummt

waren, zu. Doch dann fiel sein Blick auf die Giraffe, und sein Lächeln wurde noch etwas breiter.

„Jetzt hab ich's!" rief er. „Ich habe eine Aufgabe für dich!"

„Eine Aufgabe?" fragte der Giraffenmann. „Für mich?"

„Ja", sagte Herr Noah. „Jetzt, wo der Regen aufgehört hat, kannst du uns als Ausguck dienen und nach dem Land Ausschau halten."

„Meinst du?" fragte der Giraffenmann eifrig. „Meinst du, das kann ich?"

„Wer sonst?" erwiderte Herr Noah. „Niemand könnte das besser als du."

Und so streckte die Giraffe ihren langen Hals aus der Falltür oben im Dach der Arche und blickte sich um, ob nicht irgendwo ein Stück Land zum Vorschein käme. Herr Noah ging unterdessen in seine Kabine.

„Danke, Herr", sagte er. „Du hast gesagt, der Regen würde nach vierzig Tagen aufhören, und du hast gesagt, du hättest noch eine Aufgabe für die Giraffe. Danke."

Gott sah die kleine Arche, wie sie unter dem wolkenlosen Himmel dahintrieb. Aus der Luke im Dach ragte ein fröhlicher Giraffenkopf.

Wir haben einen Dieb an Bord!

Herr Noah und seine Familie hatten nur die wichtigsten Dinge mitgebracht, als sie die Arche bestiegen: die Kleider, die sie auf dem Leib trugen, etwas Wäsche zum Wechseln. Sie würden nicht viel Platz haben, das war ihnen schon vorher klar gewesen. Frau Noah hatte ein paar ihrer besten Töpfe und Pfannen mitgenommen und auch ihr schönstes Kleid angezogen, denn sie konnte es nicht übers Herz bringen, dieses von der großen Flut vernichten zu lassen. Die Frauen ihrer Söhne hatten es genauso gemacht.

Miriam war die einzige, die auch etwas Schmuck mitbrachte: ein Halsband mit funkelnden Steinen, das sie von ihrem Mann Ham geschenkt bekommen hatte, und zwei glänzende Armreifen, die zu ihrem Brautschmuck gehörten.

„Die Sachen nehmen überhaupt keinen Platz weg", hatte sie zu Ham gesagt. „Es wäre eine Schande, sie zurückzulassen."

Sie trug den Schmuck, als sie auf die Arche kamen, doch später legte sie die Sachen in einen Schrank in ihrer Kabine – und vergaß sie. Es gab soviel andere Dinge zu tun, da blieb gar keine Zeit, um an schöne Kleider oder Schmuck zu denken.

Aber einer hatte den Schmuck nicht vergessen. Die Elster, die Miriam an jenem ersten Tag mit dem Halsband und den Armreifen gesehen hatte, mußte immerzu an die funkelnden Steine denken. Sie wollte den Schmuck haben, sie *mußte* ihn einfach haben. Glitzernde Gegenstände liebte sie über alles.

„Wie sie geleuchtet haben", schwärmte sie ihrem Mann vor, „die Steine am Halsband waren dunkelblau und weiß, wie ein Wasserfall. Und die Armreifen … blankpoliert, daß sich sogar mein Schnabel darin gespiegelt hat."

Die Elsternfrau konnte nicht mehr essen und nicht mehr schlafen. Sie redete unablässig von dem Schmuck, bis ihr Mann schließlich völlig entnervt stöhnte: „Nun, wenn du die Dinger so gern noch einmal ansehen willst, dann bitte doch Miriam, daß sie dir die Sachen zeigt. Es macht ihr bestimmt nichts aus."

Aber die Elster wollte die Sachen nicht nur ansehen. Sie wollte sie haben. Also trieb sie sich ständig vor Miriams Kabine herum – im Schatten, damit niemand sie sah – und paßte auf und wartete.

Eines Abends wurde ihre Ausdauer belohnt. Miriam war fortgegangen und hatte die Schranktür offengelassen. Hinten auf einem der Bretter sah die Elster etwas funkeln. Ganz vorsichtig zog sie das Halsband und die beiden Armreifen hervor und legte sie auf Miriams Bettdecke. Dann hockte sie sich auf den Bettpfosten und genoß den glitzernden Anblick. Es war wunderschön. Einfach vollkommen.

Da hörte sie ein Geräusch. Schnell schnappte sie sich ein Taschentuch, stopfte die Juwelen hinein und flog hastig davon, das Taschentuch im Schnabel. Natürlich hatte sie sich schon vorher überlegt, wo sie ihre Beute verstecken konnte. Und dort flog sie jetzt hin.

In den folgenden Wochen sah die Elster die Juwelen, die sie gestohlen hatte, nicht ein einziges Mal an. Es schien ihr viel zu gefährlich, und außerdem war es ja auch gar nicht nötig. Der Schmuck war sicher versteckt und konnte dort ruhig bis zum Ende der Reise liegenbleiben. Dann würde sie ihn mitnehmen und sich allein und in aller Ruhe daran freuen.

Auch Miriam vermißte ihren Schmuck nicht – bis zu dem Abend, an dem die große Abschiedsfeier stattfinden sollte. Die Elefanten hatten ein Fest organisiert, um das Ende des Regens zu feiern, und Frau Noah, Hanna, Rahel und Miriam zogen zu diesem Anlaß ihre besten Kleider an.

„Weißt du was?" sagte Miriam zu Ham. „Ich werde heute abend mein Halsband und die beiden Armreifen anlegen. Ich habe die Sachen schon seit Ewigkeiten nicht mehr getragen, und zu diesem Kleid passen sie so gut."

Sie wühlte im Schrank und in allen Schubladen.

„Sie sind nicht da", sagte sie verwundert.

Sie suchte noch eine Zeitlang, aber umsonst. „Sie sind weg!"

Während des Festes sagte Miriam nichts, denn sie wollte den anderen den Spaß nicht verderben, doch hinterher durchsuchten Ham und sie die ganze Kabine. Sie fragte auch Rahel und Hanna, ob sie den Schmuck gesehen hätten, und dann ging sie zu Herrn und Frau Noah.

„Ich weiß, daß Gott gesagt hat, wir sollten nicht zu viele Sachen mitbringen", sagte sie. „Aber sie waren wirklich nicht groß, und sie haben mir viel bedeutet. Es würde mir leid tun, wenn sie fort wären."

„Das kann ich verstehen", meinte Frau Noah mitfühlend. „Noah, was kann damit nur passiert sein?"

„Ich weiß es nicht", sagte Herr Noah. „Vielleicht

haben die Tiere die Sachen gesehen. Ich werde sie fragen."

Als Herr Noah die Tiere zusammenrief, da hatte angeblich keins von ihnen die Armreifen oder das Halsband gesehen.

„Sieht den Menschen ähnlich, ihre Sachen zu verlieren", krächzte der Rabe. „Uns würde das nicht passieren."

„Weil wir keinen Schmuck tragen", meinte der Dachs.

„Das haben wir auch gar nicht nötig!" Stolz betrachtete der Pfau seine nachgewachsenen Schwanzfedern. „Wir sind schon von Natur aus herrlich."

„Du hast gut reden", meinte das Warzenschwein. „Von uns wäre mancher froh, wenn er sich ein paar Juwelen um den Hals legen könnte."

„Du würdest auch mit Juwelen nicht besser aussehen, mein Alter", grinste der Fuchs.

„Du auch nicht, altes Fuchsgesicht", erwiderte das Warzenschwein liebenswürdig.

„Und überhaupt", sagte die Gans. „Wieso hat Herr Noah ihr überhaupt erlaubt, ihren Schmuck mitzubringen? Wir sind hier ja nicht auf einem Ausflugsdampfer. Es geht um Leben und Tod. Ich mißbillige es durchaus, daß sie ihre Klunker mit an Bord bringen durfte. Wir durften ja auch nichts mitbringen."

„Weil wir gar nichts hatten", sagte der Büffel.

„Sei nicht so kleinkariert. Sie ist ein hübsches Mädchen, und Schmuck nimmt überhaupt keinen Platz weg."

„Aber wo ist er hin? Das möchte ich jetzt doch gern wissen", sagte der Löwe mit ernster Stimme.

„Vielleicht hat ihn einer von den anderen Menschen gestohlen", überlegte der Specht. „Sems Frau würde ich es durchaus zutrauen. Sie könnte wirklich ein bißchen Schmuck gebrauchen. Vielleicht sähe sie dann auch etwas hübscher aus."

Darüber mußte der Papagei laut lachen, aber der Löwe runzelte die Brauen.

„Dies ist eine ernste Angelegenheit, und sie geht uns alle an", erklärte er. „Ich schäme mich, daß so etwas auf meinem Schiff passieren konnte. Und ich bin sicher, daß wir noch nicht das letzte Mal davon gehört haben."

Er sollte recht behalten. Herr Noah ließ die Arche durchsuchen. Alle halfen, sogar die Elster, aber der fehlende Schmuck wurde nicht gefunden.

„Es ist ein Rätsel", meinte Herr Noah, als er mit Gott darüber redete. „Ich weiß, daß es dir ziemlich unbedeutend vorkommen muß", fügte er demütig hinzu. „Aber für Miriam ist es wichtig, und ich mag sie und möchte nicht, daß sie traurig ist."

„Für mich ist alles wichtig, Noah", widersprach ihm Gott.

„Wir haben einen Dieb an Bord", sagte Herr Noah unglücklich. „Was soll ich da nur machen?"

„Gar nichts", sagte Gott. „Ich habe die Sache schon in der Hand. Hab einfach Geduld."

Aber es fiel Herrn Noah schwer, Geduld zu haben, denn jeden Tag lagen ihm seine Söhne und ihre Frauen mit der Angelegenheit in den Ohren.

„Gott hat die Sache in der Hand", erklärte er ihnen.

„Nun, wenn Gott die Sachen in der Hand hat, dann kann er sie ja auch zurückgeben", blökte die Ziege, die zufällig gehört hatte, was Herr Noah gesagt hatte. „Ich kann mir sowieso nicht vorstellen, was Gott mit zwei Armreifen und einem Halsband anfangen will. Wann sollte er sie denn tragen?"

„Ach, sei doch nicht so albern", tadelte sie der Fuchs.

Die Stimmung war inzwischen sehr gespannt.

„Es reicht schon, daß wir hier immer noch einge-sperrt sind, obwohl der Regen aufgehört hat", beschwerte sich der Otter. „Aber daß wir nun auch noch als Diebe verdächtigt werden, das ist der Gipfel. Mir reicht's!"

„Wir stecken nur hier drin, weil draußen alles über-schwemmt ist", erklärte der Adler. „Wenn das Wasser erst einmal abgelaufen ist, dann dürfen wir auch raus."

„Ihr Vögel habt gut reden", knurrte der Otter.

Die Vögel hatten wirklich gut reden. Sie konnten zwischendurch die Arche verlassen und draußen ein bißchen herumfliegen, um ihre Flügel zu trainieren.

Die Elster allerdings flog nie sehr weit von der Arche fort. Sie mußte ihr Versteck bewachen, denn sie hatte Angst, ein anderer könnte es entdecken und auch Verlangen nach ihren Schätzen bekommen.

„Bald", so dachte sie. „Bald kann ich davonfliegen und die Juwelen mitnehmen."

Sie wurde in ihren Gedanken unterbrochen. Der Giraffenmann, der weiterhin nach Land ausgespäht hatte, begann auf einmal zu schreien.

„Land in Sicht", rief er aufgeregt. „Land!"

Eilig strömte alles zum Dach.

„Paßt auf!" rief Herr Noah. „Wir wollen nicht, daß zu guter Letzt noch jemand vom Dach fällt!"

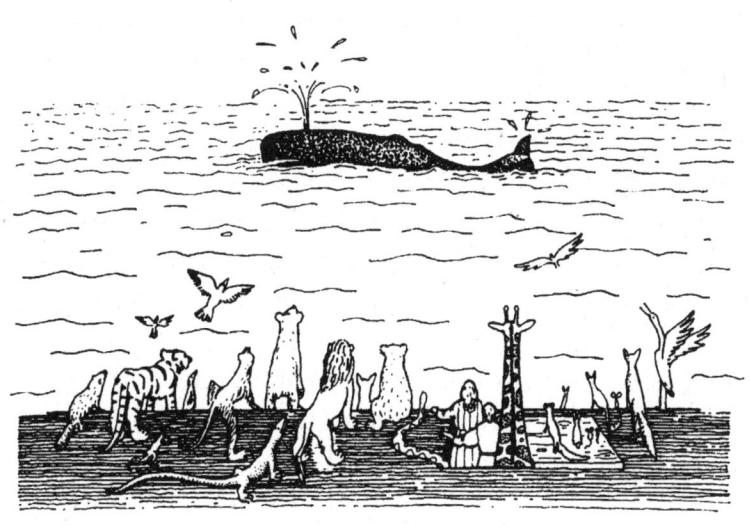

Vor lauter Freude stolperte er über seinen eigenen Umhang, als auch er die Treppe hinaufeilte, um zur Dachluke zu gelangen.

„Wo ist es?" fragte er die Giraffe.

Die Giraffe zeigte mit ihrem langen Hals in eine bestimmte Richtung. „Dort drüben."

Herr Noah folgte ihrem Blick. Er sah genau hin und dann noch einmal. Dort hinten am Horizont war ein schwarzer Strich, der Land hätte sein können … wenn dieser schwarze Strich nicht plötzlich einen Purzelbaum geschlagen hätte und davongeschwommen wäre, wobei er eine richtige Fontäne aus seinen Nasenlöchern blies.

„Hm, das war wohl nur ein Wal", meinte Herr Noah bedauernd.

Enttäuscht kletterten die Tiere wieder die Treppe hinunter.

„Hör auf, so zu drängeln!" sagte der Pinguin gereizt.

„Ich drängle gar nicht", widersprach der Hirsch.

„Doch", sagte der Pinguin. „Du hast mich mit deinem Geweih in den Rücken geschubst."

„Nein, hab ich nicht", beharrte der Hirsch.

Der Pinguin drehte sich um. Hinter sich, im Zwischenraum zwischen zwei Treppenstufen, sah er ein zerfetztes Stück Stoff, unter dem sich ein spitzer Gegenstand verbarg, der etwas hervorlugte. Die Erschütterung durch die vielen Tiere, die mit ihren Hufen die Treppe hinauf- und heruntergedonnert waren, hatte das Bündel aus seinem Versteck rutschen lassen.

„Herr Noah", rief der Pinguin. „Ich glaube, ich habe etwas gefunden."

Herr Noah trug das Bündel in die große Halle. Alle Tiere versammelten sich um ihn. Langsam wickelte er es aus: ein Halsband und zwei Armreifen.

Aber sie schimmerten und funkelten nicht mehr wie damals, als Miriam sie zuletzt getragen hatte. Sie waren stumpf geworden und von einer grünen Schicht überzogen.

Die Elster und Miriam schrien gleichzeitig auf. Herr Noah wandte sich an die Elster.

„Hast du Miriams Schmuck genommen?"

Die Elster ließ den Kopf hängen. „Hm, nun ja ... in gewissem Sinne ..."

„Ja oder nein?"

„Hm ... ja ..."

„Warum?"

„Er hat so schön gefunkelt", sagte die Elster. „Er war so schön. Wenn ich etwas sehe, was funkelt, dann kann ich nicht widerstehen."

„Das nennt man Stehlen", sagte Herr Noah und schüttelte den Kopf.

„Wieso?" erwiderte die Elster keck. „Sie hätte die Sachen erst gar nicht mitbringen sollen. Mich so in Versuchung zu führen!"

„Das ist keine Entschuldigung", wies Herr Noah sie streng zurecht. „Du weißt, wie sehr Miriam sich aufgeregt hat und wie jeder unter Verdacht stand. Es war wirklich nicht recht, was du getan hast."

Er betrachtete die verblaßten, trüben Gegenstände, die vor ihm lagen. „Du hast sie gestohlen, weil sie funkelten. Jetzt würdest du sie wahrscheinlich nicht mehr stehlen, nicht wahr?"

„Nein", murmelte die Elster. „Jetzt sind sie gar nicht mehr schön."

„Was ist damit passiert?" fragte das Meerschweinchen.

„Die feuchte Luft hat ihnen geschadet", seufzte Herr Noah. „Es ist wirklich ein Jammer."

Miriam brach in Tränen aus. „Sie sind ruiniert", schluchzte sie. „Mein schönes Halsband und die Armreifen. Alles hin."

Die Elster blickte in Miriams tränenüberströmtes Gesicht, und nun schämte sie sich doch.

„Ich wollte dich nicht ärgern", sagte sie bedrückt. „Ich habe nur daran gedacht, wie gern ich die Sachen haben wollte. An dich habe ich überhaupt nicht gedacht."

„Wie selbstsüchtig", meinte der Löwe vorwurfsvoll.

„Es tut mir leid", sagte die Elster. Sie wandte sich an Miriam. „Ich will versuchen, es wieder gutzumachen. Was meinst du? Wenn ich sie saubermache, kannst du mir dann verzeihen?"

Miriam schluchzte noch einmal auf. „Ja, gut."

Die Elster machte sich an die Arbeit und putzte die

Juwelen so sorgfältig, daß Halsband und Armreifen schließlich heller glänzten als vorher.

Miriam war hocherfreut und legte sie sofort an. Die blauen Steine aus dem Halsband spiegelten das Blau des Himmels wider, und die weißen Steine die bauschigen weißen Wolken, die vorübersegelten. Die Armreifen glänzten und funkelten im Sonnenlicht. Und die Sonne glänzte und funkelte auf das Wasser herunter – das sich ganz allmählich von der Erde zurückzog.

Damit fing
das Unheil an

Als der Regen erst einmal aufgehört hatte, spähten Herr Noah und alle Tiere, die sich auf der Arche befanden, ständig nach Land aus. Eines Tages schickte Herr Noah eine Taube hinaus. Sie sollte nach ersten Anzeichen suchen, ob das Wasser tatsächlich zurückwich. Als sie dann wirklich mit einem Olivenzweig im Schnabel zurückkehrte, war die Freude groß.

„Das bedeutet, daß die Baumspitzen jetzt schon aus dem Wasser herausragen", erklärte Herr Noah gutgelaunt. „Aber es wird noch eine Zeit dauern, bis wir trockenes Land sehen können", fügte er hinzu.

Von nun an drängelten und stießen sich die Tiere dauernd, um einen Platz auf dem Dach zu erobern. Die mit den besten Augen stritten sich, wer von ihnen wohl als erster das Land sehen würde. Aber schließlich war es nicht das Tier mit den besten Augen, das als erstes das Land entdeckte. Es war weder der Luchs noch der Adler. Nein, zur Überraschung aller anderen war es die Schlange.

Niemand an Bord konnte die Schlangen besonders leiden. „Hinterlistig", sagte der Emu jedesmal, wenn er einer von ihnen begegnete.

„Bei den Schlangen weißt du nie, woran du bist",
sagte der Bär unumwunden, und die großen Tiere
stimmten ihm zu. Die kleineren sagten nichts, sie hatten schlichtweg Angst.

„Ich bekomme jedesmal eine Gänsehaut, wenn die
Schlange mich mit ihren runden Augen anstarrt",
erklärte die Spitzmaus theatralisch. „Und diese
gräßliche, glitschige Haut. Es überläuft mich regelrecht!"

„Aber wir haben eine Abmachung getroffen", sagte
die Haselmaus ernst. „Herr Noah hat die Regel aufgestellt, daß auf der Arche keiner gefressen werden
darf."

„Naja, du hast vielleicht zugestimmt und ich auch,
aber ob die Schlangen so einer Regel überhaupt
zustimmen würden, das wage ich doch sehr zu
bezweifeln", meinte die Spitzmaus. „Und überhaupt,
was die Regeln angeht … ich würde es den Schlangen
durchaus zutrauen, daß sie sich um die Regeln einfach
herumschlängeln, wenn es ihnen paßt."

Selbst Herr Noah, der versuchte, alle ihm anver-
trauten Tiere mit Respekt zu behandeln, konnte einen
leisen Schauder nicht unterdrücken, wenn er sah, wie
eine Schlange die hölzernen Säulen in der großen
Halle herunterschlüpfte oder geräuschlos über den
Boden schlich.

„Ja, ich weiß, sie gehören zu deiner Schöpfung",
sagte Herr Noah zu Gott. „Aber ich mag sie nicht.
Diese Schlangen sind einfach gräßlich und glitschig."

Die Schlangen spürten, was die anderen über sie dachten. Der Schlangenfrau machte es nicht viel aus, aber ihren Mann störte es.

„Schließlich haben wir gar nichts Böses getan", sagte er verdrießlich. „Wir sind immer nett und höflich zu allen Tieren, denen wir begegnen."

„Schlangen hat man noch nie gemocht", sagte seine Frau besänftigend. „Ich habe erst kürzlich gehört, wie Herr Noah seiner Frau davon erzählte, daß vor langer Zeit mal irgend etwas passiert ist, woran angeblich eine Schlange schuld war."

„Was denn?"

„Ich habe nicht alles hören können, aber es ging wohl um zwei Menschen, die in einem schönen Garten lebten, der Eden genannt wurde. Gott hatte ihnen gesagt, sie dürften alles essen, was es dort gab, außer den Früchten von einem ganz bestimmten Baum."

„Und was ist passiert?" fragte der Schlangenmann.

„Nun, sie sagen, daß eine unserer Vorfahren die Menschen dazu überredete, eine Frucht von diesem Baum zu essen, und sie taten es."

Die Schlangenfrau schwieg einen Augenblick. „Und damit fing wohl das Unheil an."

„Kein Wunder", sagte der Schlangenmann und schüttelte sich. „Wahrscheinlich waren es Äpfel! Wie kann man nur! Ich würde ersticken, wenn ich einen Apfel essen müßte – und du auch!"

„Ich weiß nicht, ob sie erstickt sind", erwiderte seine Frau. „Ich habe leider nicht gehört, wie die

Geschichte ausging. Aber ich finde es ein bißchen unfair, einer Schlange die Schuld zu geben", fügte sie nachdenklich hinzu.

„Und wieso sollen wir es jetzt büßen?" fragte ihr Mann. „Wir sind doch nicht verantwortlich für Dinge, die vor wer weiß wievielen Jahren passiert sind."

„Jeder ist froh, wenn er einen Schuldigen findet", sagte seine Frau. „Das ist ganz normal. Aber was soll's, wenn uns niemand mag?" Sie wand sich zu einem komplizierten Knoten zusammen. „Mach dir deswegen doch nicht den Kopf verrückt."

Aber der Schlangenmann machte sich den Kopf verrückt. Er versuchte, sich mit ein paar von den Tieren anzufreunden. Und er ging sogar soweit, in der Öffentlichkeit aufzutreten. Beim bunten Abend, der von den Elefanten organisiert wurde, warf er seine ganze Haut in einem Stück ab. Alle klatschten Beifall, aber leider war deshalb hinterher keiner netter zu ihm oder seiner Frau.

Als das Wetter endlich besser war, verbrachten die Schlangen die meiste Zeit auf dem Dach. Sicherheitshalber schlangen sie sich um die hölzernen Streben, damit sie nicht ins Wasser hinunterrutschen konnten.

„Rück mal ein Stück zur Seite", sagte der Ameisenbär verärgert. „Ihr liegt immer hier oben und nehmt uns die besten Plätze weg."

„Ich verstehe gar nicht, wieso ihr überhaupt hier heraufkommt", sagte der Emu und rümpfte die Nase. „Ihr werdet das Land sowieso nicht als erste sehen. Ihr seid viel zu weit unten."

Die Schlangen antworteten nichts.

„Und viel zu unbedeutend", ergänzte das Lama mit überheblichem Blick.

„Ich gehe davon aus", sagte der Löwe, „daß ich als erster Land sehen werde. Schließlich bin ich Herrn Noahs Assistent."

„Oder ich", sagte der Adler. „Ich habe die schärfsten Augen."

„Auf jeden Fall nicht ihr Schlangen", wiederholte der Ameisenbär. „Und nun rutscht endlich!"

Gehorsam rutschten die Schlangen ein Stück zur Seite.

Als es Zeit zum Mittagessen war, zog sich ein Tier nach dem anderen zurück.

„Willst du auch zum Essen nach unten gehen?" fragte die Schlangenfrau.

„Nein", sagte ihr Mann. „Ich habe keinen Hunger."

Also blieben sie, wo sie waren. Die Schlangenfrau döste in der warmen, lauen Luft vor sich hin, und ihr Mann fragte sich einmal mehr, was er getan hatte, daß die anderen Tiere ihn so gar nicht mochten.

Und dann sah er es.

„Sieh mal", sagte er zu seiner Frau. „Da drüben. Kannst du es erkennen?"

Seine Frau hob den Kopf.

Ganz hinten am Horizont ragte etwas Dunkles, Festes aus dem Wasser heraus.

Der Schlangenmann wickelte sich von dem Holzpfosten los. „Ich will es Herrn Noah berichten."

Herr Noah war gerade in der großen Halle und verteilte das Essen.

„Herr Noah", zischte die Schlange und beugte sich über seine Schulter.

Herr Noah zuckte zusammen und ließ die Schüssel fallen. „Mußt du mir denn solch einen Schrecken einjagen?" fragte er gereizt.

„Tut mir leid", antwortete der Schlangenmann. „Aber ich dachte, du solltest als erster wissen, daß meine Frau und ich etwas gesehen haben."

„Was denn?" fragte Herr Noah, noch immer verärgert.

„Könnte sein, daß es Land ist", sagte die Schlange. „Oder vielleicht ein sehr großer Fisch. Wir dachten, es wäre am besten, wenn du es dir selbst einmal ansiehst."

„Land?" rief der Dingo. „Hat hier jemand Land gesagt?"

Und plötzlich war das Essen unwichtig. Alle Tiere eilten hinauf zum Dach. Die Vögel schwärmten in einer dichten Wolke aus und flatterten zu dem dunklen Schatten, der jetzt ganz deutlich am Horizont zu erkennen war.

Der Adler kam als erster zurück.

„Es ist Land", rief er mit seiner majestätischen Stimme. „Der oberste Gipfel eines hohen Berges."

„Das ist ungerecht!" knurrte der Löwe beleidigt. „Ich hätte es als erster entdecken sollen!"

Das war natürlich eine aufregende Neuigkeit. Aber trotzdem konnte man nicht viel mehr tun, als einfach zu warten und zu hoffen, daß die Arche langsam auf das Land zutreiben würde.

„Hat denn niemand ein paar Ruder dabei?" fragte das Schwein mit lauter Stimme. „Dann ginge es ein bißchen schneller. Schließlich sind wir hier doch auf einem Schiff."

„Nein", sagte Herr Noah. „Gott hat mir nie gesagt, ich sollte Ruder bauen."

„Na, das muß wohl ein Versehen sein", meinte das Schwein. „Ein Schiff ohne Ruder ist wie ..." Es dachte einen Augenblick nach. „... ist wie ein Stall ohne Futter", schloß es schließlich.

Als die Arche sich dem Land näherte, konnten die Tiere auf dem Gipfel ein eigenartiges schwarzes Gebilde erkennen, das sich in den Himmel reckte.

„Was ist denn das?" fragte die Haselmaus.

Der Adler flog hinüber.

„Traurig, traurig", sagte er, als er zurückkam. „Es sind die Reste von einem Baum."

„Was ist daran denn traurig?" fragte der Biber.

„Er ist tot", erwiderte der Adler.

Darauf verstummten sie alle, und beobachteten schweigend, wie das kleine Fleckchen Land allmählich immer größer wurde. Dann erhob sich ein heftiger Wind, der das Wasser zu hohen, schaumgekrönten Wellen aufpeitschte. Die kleine Arche wurde von einer Seite auf die andere geworfen.

„Seht nur!" meinte der Adler plötzlich. „Der Wind treibt die Arche vom Land fort!"

So war es tatsächlich. Ganz langsam wurde die Arche vom Land weg und wieder aufs Meer hinausgetragen.

„Wir müssen sie sofort anhalten", rief der Biber aufgeregt.

„Wie denn?" fragte der Fuchs.

„Nun ...", überlegte der Biber. „Wir müßten einen Anker werfen."

Alle drehten sich zu Herrn Noah um.

„Tut mir leid", sagte der betrübt. „Von einem Anker hat Gott nie etwas gesagt."

„Hmm", meinte der Affe mit säuerlicher Miene. „Das wundert mich überhaupt nicht."

„Wenn ich gewußt hätte, wie schlecht dieses Schiff ausgerüstet ist, dann wäre ich nie im Leben mitgekommen", sagte die Ziege.

„Dann wärst du ertrunken", meinte der Fuchs giftig.

Der Biber spähte nach vorn. „Haben wir denn wenigstens ein Seil?" fragte er. „Wenn wir eins hätten, dann könnten wir versuchen, es um den Baumstumpf zu werfen."

Wieder wandten sich alle an Herrn Noah, aber der schüttelte stumm den Kopf.

„Dann können wir also ... gar nichts tun?" fragte die Haselmaus besorgt.

„Ich könnte mal mit Gott reden", sagte Herr Noah, und das tat er dann auch.

„Ich bin sicher, daß das alles zu deinem Plan gehört", begann Herr Noah ein wenig zweifelnd. Das Fehlen von Rudern, einem Anker und sogar einem Stück Seil

hatte seinen Glauben doch ziemlich erschüttert.
„Aber können wir denn wirklich gar nichts machen?"

„Hab doch ein bißchen mehr Vertrauen, Noah",
sagte Gott aufmunternd. „Irgend etwas kann man
immer machen."

Genau in diesem Augenblick rollte sich der
Schlangenmann von seinem hölzernen Gerüst los.

„Komm mit", sagte er zu seiner Frau. „Ich glaube,
wir werden gebraucht."

„Ihr?" rief das Emu spöttisch. „Was könnt ihr denn
tun?"

„Wir haben auch unsere guten Seiten", sagte die
Schlangenfrau würdevoll.

Ihr Mann verknotete das Ende seines Schwanzes
mit dem von seiner Frau.

„Bist du soweit?" fragte er. Sie nickte und umklam-
merte den hölzernen Pfosten so fest sie konnte. Der
Schlangenmann rollte sich zunächst zu einem dichten
Knäuel zusammen, dann holte er tief Luft und schleu-
derte sich vom Dach hinunter. Die Tiere hielten den
Atem an.

„Was hat er vor?" fragte der Biber.

Mitten in der Luft rollte die Schlange sich ausein-
ander. Mit ihrer gespaltenen Zunge berührte sie den
Baumstamm, doch der Sog von der Arche war zu
stark und zog sie zurück ins Wasser. Die Schlangenfrau wickelte sich schnell um den Pfahl und zog ihren
Mann zurück an Bord.

Ein zweites Mal warf der Schlangenmann sich auf

das Land zu. Dieses Mal konnte er sich kurz am Baum festhalten, doch gerade in diesem Augenblick kam eine heftige Welle und trieb die Arche etwas davon. Wieder wurde er zurückgezogen.

„Aller guten Dinge sind drei", keuchte er atemlos. Und tatsächlich. Dieses Mal hatte er Glück. Er bohrte seine scharfen Zähne fest in die Baumrinde und hielt sich fest. Der Wind blies, die Wellen zogen, aber ganz langsam wickelte die Schlange sich um den Baum – und zog die Arche an Land.

Ein rasselndes, knarrendes Geräusch war zu hören, als die Arche langsam zum Stehen kam. Die Schlange ließ ihren Halt los und glitt geschmeidig auf das Schiff zurück. Viele Hände halfen ihr.

„Und weißt du was", sagte die Spitzmaus später zur Haselmaus. „Als ich die Schlange berührte, da war ich wirklich überrascht! Es war ganz eigenartig, denn sie fühlte sich trocken und kein bißchen glitschig an – und wir wissen doch alle, daß Schlangen eklige, schleimige Tiere sind. Was meinst du dazu?"

„Daß wir nicht nach dem Äußeren urteilen sollten", meinte die Haselmaus trocken.

„Da hast du recht", nickte die Spitzmaus. „Das tue ich auch nie!"

Am Abend wurde auf der Arche ausgiebig gefeiert. Spät in der Nacht, als die beiden Schlangen müde zu ihren Betten schlichen, wurden sie von Herrn Noah aufgehalten.

„Ich muß mich bei euch entschuldigen", sagte er. „Bei euch und bei Gott."

„Schon gut", sagte die eine Schlange.

„Was ihr heute getan habt, das hat uns alle beschämt", sagte Herr Noah.

„Das wird nicht lange anhalten", sagte die Schlangenfrau. „Bald ist das alles vergessen. Nur unsere Urururgroßmutter aus dem Garten Eden, die wird wohl nie vergessen." Sie sah Herrn Noah an. „Wir denken alle immer gleich das Schlimmste voneinander."

„Nun", meinte Herr Noah, „ich werde auf jeden Fall nie vergessen, was ihr getan habt."

Gesetz ist Gesetz

Nachdem die Arche auf dem Gipfel eines hohen Berges gestrandet war, kam jeden Tag etwas mehr trockenes Land zum Vorschein. Ganz langsam ging das Wasser zurück. Schließlich erklärte Herr Noah den Tieren, daß sie am nächsten Tag die Arche verlassen könnten.

„Wurde auch Zeit", meinte der Panther und lief ruhelos in der großen Halle auf und ab.

„Nun, ich könnte nicht sagen, daß mir der Abschied schwerfällt", sagte der Fuchs. „Obwohl ich zugeben muß, daß die Reise ein nettes Erlebnis war."

„Auf das ich durchaus hätte verzichten können", murmelte der Affe.

„Hm, ich weiß nicht", schaltete sich der Esel ein. „Wenn ich an all die verschiedenen Tiere denke, denen ich hier begegnet bin. Manche habe ich vorher gar nicht gekannt."

„Und will sie auch möglichst schnell wieder vergessen", ergänzte der Affe.

„Wir sind immerhin vor der Flut gerettet worden", meinte der Elefant. „Das hätte ich nie geglaubt. Und richtig verstehen kann ich es auch jetzt noch nicht."

„Das haben wir Herrn Noah zu verdanken", sagte der Biber. „Er hat uns sicher durch alle Gefahren hindurchgeschifft."

Der Löwe hüstelte. „Mit der Hilfe und Unterstützung anderer."

„Meinst du Gott?" fragte der Biber.

„Gott? Äh, natürlich, Gott auch", sagte der Löwe. „Aber ich meinte eigentlich mit Hilfe von anderen Tieren."

„Wie dir, zum Beispiel?" erkundigte sich das Eichhörnchen.

„Nun ... ja ...", meinte der Löwe.

„Und ...?" fragte der Tiger, und seine Augen funkelten gefährlich.

„Und dem Tiger natürlich", fügte der Löwe hastig hinzu. „Als Herrn Noahs Assistenten haben wir mitgeholfen, daß jedes Tier ..."

„... zwei von jeder Tierart ...", ergänzte der Tiger.

„... zwei von jeder Tierart, ein Männchen und ein Weibchen", fuhr der Löwe fort, „gerettet werden konnten. Ich finde, wir dürfen uns dafür ruhig selbst beglückwünschen."

„Bescheidenheit könnte man euch beiden jedenfalls nicht vorwerfen", sagte der Fuchs mit süßlicher Stimme.

„Aber hat nicht irgendwie Gott die ganze Sache in der Hand gehabt?" erkundigte der Esel sich vorsichtig.

„Ja, ja, natürlich, er hat all die Regeln aufgestellt", beruhigte ihn der Löwe. „Zwei von jeder Tierart sollten auf die Arche kommen, ein Männchen und ein Weibchen, und von einigen wenigen Tieren auch sieben Männchen und sieben Weibchen. Und sie alle sollen die Arche nach der Flut auch wieder verlassen. Nicht mehr und nicht weniger. Daran haben wir uns zu halten."

Der Tiger nickte. „Den Regeln muß man immer folgen."

Die Kaninchen, die der Unterhaltung aufmerksam zugehört hatten, sahen einander an und hoppelten recht nachdenklich zu ihrem Bau zurück.

„Was sollen wir nur machen?" fragte der Kaninchenmann seine Frau.

„Wegen ...?"

„Ja, wegen ..."

Und sie blickten auf das kleine neugeborene Kaninchenbaby, das vor ihnen im Nest lag.

„Herrn Noah macht es bestimmt nichts aus", meinte die Kaninchenfrau, doch es klang nicht allzu überzeugt.

„Nein, ihm vielleicht nicht, aber Gott", wandte ihr Mann ein. „Du hast ja gehört, was der Löwe gesagt hat."

„Wenn wir es Herrn Noah nicht sagen, dann erfährt Gott vielleicht gar nichts davon", schlug die Kaninchenfrau vor.

„Ja, aber wie sollen wir das Baby von der Arche schaffen, ohne daß Herr Noah es merkt?" erkundigte sich ihr Mann.

Darüber mußte seine Frau erst einmal nachdenken.

„Vielleicht sollten wir mit dem Löwen reden. Er ist schließlich Herrn Noahs Assistent."

Also gingen die beiden Kaninchen zum Löwen.

„Wir haben da ein kleines Problem", begann der Kaninchenmann. „Und wir wollten dich fragen, ob du uns womöglich helfen kannst."

„Aber natürlich", sagte der Löwe großmütig.

„Du hast uns gesagt, Gott wollte, daß zwei von jeder Tierart auf die Arche kommen, damit sie gerettet werden, nicht wahr?"

„Ja", erwiderte der Löwe vorsichtig.

„Und zwei von jeder Tierart sollen die Arche auch wieder verlassen, wenn die Flut vorüber ist. Das hast du doch gesagt, nicht wahr?"

„Ja", stimmte der Löwe zu.

„Nun, das Problem ist, daß nicht nur zwei Kaninchen an Bord sind. Wir sind drei, und wir wissen nicht, was wir jetzt machen sollen."

„Hmm." Der Löwe dachte einen Augenblick nach. „Habt ihr schon mit Herrn Noah geredet?"

„Hm, nein, noch nicht. Die Sache ist nämlich die. Wir haben uns gedacht, daß es ihm bestimmt nichts ausmacht. Aber er wird es wahrscheinlich Gott erzählen, und Gott ist womöglich nicht so begeistert", sagte die Kaninchenfrau.

„Gott mag es vielleicht nicht, wenn man sich über seine Regeln hinwegsetzt", erklärte ihr Mann.

„Hmm", sagte der Löwe erneut. „Das ist wirklich ein schwieriger Fall."

Er schwieg eine lange Zeit. „Ich glaube, es ist das beste, wenn ich mich mit meinem Kollegen, dem Tiger, berate", meinte er schließlich und trottete davon.

Für den Tiger war die Sache ganz klar.

„Gesetz ist Gesetz", sagte er bestimmt. „Gesetze dürfen nicht gebrochen werden. Vor allem nicht, wenn Gott selbst sie erlassen hat. Von jeder Tierart sind zwei, ein Männchen und ein Weibchen, an Bord gekommen, und zwei sollen die Arche wieder verlassen – zur festgesetzten Stunde und am festgesetzten Tag."

Der Adler erhob Einspruch. „Von einigen Tieren sind sieben Paar an Bord gekommen."

„Mag sein", entgegnete der Tiger. „Aber die Kaninchen gehörten jedenfalls nicht dazu. Sie waren zu zweit – und deshalb kann jetzt auch nicht eine ganze Kaninchenherde die Arche verlassen."

„Wir sind auch keine ganze Herde", protestierte die Kaninchenfrau. „Wir sind nur zu dritt, und es ist wirklich ein ganz entzückendes kleines Ding."

„Wirklich?" fragte die Elefantenfrau gerührt. „Ach wie nett."

„Nun, ich muß dem Tiger recht geben", sagte der Skorpion. „Ob einer oder fünfzig, darauf kommt es eigentlich nicht an. Gesetz ist Gesetz, das können wir nicht ändern."

„Ja, Gesetz ist Gesetz", wiederholte der Tiger. „Als wir an Bord kamen, da hat Herr Noah die Regeln festgesetzt, daß wir nicht miteinander kämpfen und uns nicht gegenseitig auffressen sollten. Und wir haben uns alle daran gehalten, nicht wahr?"

„Ja", sagte der Fuchs traurig. „Obwohl es nicht immer einfach war."

„Wir haben uns daran gehalten, weil man den bestehenden Regeln Folge leisten muß", fuhr der Tiger fort. „Sonst gibt es nur ein großes Durcheinander."

Danach herrschte eine Weile Stille.

„Betrachtet es doch einmal von dieser Seite", redete der Tiger weiter. „Wenn Herr Noah nicht die Regel erlassen hätte, daß wir einander nicht auffressen sollen, dann würden morgen nicht zwei von jeder

Tierart die Arche lebend verlassen können. Habe ich nicht recht?"

„Stimmt." Die Haselmaus erschauerte. „Wahrscheinlich hätte es nicht eine einzige Haselmaus mehr gegeben, und schon gar keine zwei."

„Das wäre wirklich schade gewesen", sagte der Fuchs und leckte sich die Lippen.

„Die Regel über das Auffressen hatte sicher ihre Berechtigung", meinte der Schakal bedächtig. „Und ich verstehe auch, warum nur eine bestimmte Zahl von jeder Tierart auf die Arche kommen sollte. Für mehr wäre gar nicht genug Platz gewesen. Aber ich begreife nicht, wieso Gott sagt, es dürften auch nur jeweils genauso viele die Arche wieder verlassen."

„Vielleicht wollte er einfach irgendwo eine Grenze ziehen", schlug der Esel vor. „Sonst würde die Erde vielleicht von Kaninchen überrannt …"

„Oder von Eseln. Da sei Gott vor", meinte der Affe mit säuerlicher Miene.

„Oder von Eseln", stimmte der Esel ihm treuherzig zu.

„Also bitte", sagte der Tiger. „Ich habe die Gesetze schließlich nicht erfunden. Ich muß sie nur durchsetzen. Wenn ihr euch beschweren wollt, dann geht zu Herrn Noah. Aber in meinen Augen ist die Sache eindeutig. Zwei Kaninchen sind auf die Arche gekommen, also dürfen auch nur zwei die Arche verlassen."

„Ich will mein Baby aber nicht hierlassen", protestierte die Kaninchenfrau mit fester Stimme.

„Herr Noah oder Gott werden sich schon um dein Baby kümmern", sagte der Löwe.

„Ich würde mein Baby keinem anderen überlassen", meldete sich die Känguruhfrau zu Wort.

„Und was wissen Herr Noah oder Gott schon davon, wie man ein Kaninchenbaby großzieht?" fügte die Kaninchenfrau hinzu.

„Das hättest du dir früher überlegen sollen", knurrte der Tiger.

Die Tiere debattierten die ganze Nacht hindurch. Gleichzeitig riß der Strom der Tiere, die bei der Kaninchenfamilie vorbeischauen wollten, nicht ab. Einige wollten ihnen die Meinung sagen oder einen guten Ratschlag geben, aber die meisten wollten sich einfach das süße Baby ansehen.

Am folgenden Morgen kamen Herr und Frau Noah und ihre Söhne mit ihren Frauen recht früh in die große Halle. Herr Noah öffnete die große Tür, die Gott selbst am Beginn der Reise verschlossen hatte, und die helle Sonne schien herein. Alle jubelten vor Freude.

Dann stellte Herr Noah sich an den Eingang und hakte auf seiner langen Liste die Tiere ab.

„Hyänen … also … hier … H… Hy… Da sind sie ja. Ich hoffe, ihr habt die Reise gut überstanden. Auf Wiedersehen. Gott segne euch."

Dann kamen die Känguruhs.

„K... Augenblick ... I... J... K... Genau. Auf Wiedersehen und Gott befohlen."

Er warf einen kurzen Blick auf den Beutel der Känguruhfrau, der sich verdächtig wölbte, sagte aber nichts.

Die beiden Kaninchen, die direkt hinter den Känguruhs gewartet hatten, waren schon ganz nervös.

„Kaninchen ... Ja, da sind sie. Ganz unten auf meiner Seite. Zwei Kaninchen. Ich hoffe, die Reise hat euch gefallen." Er sah auf und lächelte. „Ach, und noch meinen herzlichen Glückwunsch. Wie wollt ihr das Kleine denn nennen?"

Den Kaninchen blieb der Mund offen stehen.

„Woher weißt du denn das?" fragten sie.

Herr Noah lachte.

„Gott könnt ihr nichts vormachen", sagte er. „Und mir auch nicht." Er lachte. „Euer Baby kann jetzt ruhig aus dem Känguruhbeutel hervorkommen."

Ganz vorsichtig holte die Känguruhfrau das kleine Kaninchen aus ihrer Tasche und übergab es seiner Mutter.

„Warum seid ihr bloß nicht zu mir gekommen?" fragte Herr Noah.

„Weil wir wußten, daß du es Gott sagen würdest, und wir wollten nicht, daß Gott erfährt, daß wir seine Gebote übertreten", sagte die Kaninchenfrau. „Wir hatten Angst, er würde böse werden und uns verbieten, das Baby mitzunehmen."

„Warum hätte er denn so etwas tun sollen?" fragte Herr Noah verständnislos.

„Weil der Tiger gesagt hat, Gott hätte dir erklärt, du solltest von allen Tieren soundso viel Männchen und Weibchen mit auf die Arche nehmen und dafür sorgen, daß auch nur genau so viel Männchen und Weibchen die Arche verlassen."

„Weil Gott nicht will, daß die Welt von Eseln überrannt wird", warf der Esel ein.

„Kaninchen", stöhnte der Affe mit leidender Stimme.

„Ach ja?" fragte der Esel.

„Und außerdem hat der Löwe das gesagt, nicht ich", beeilte sich der Tiger festzustellen. „Ich habe so etwas nie behauptet."

„Du hast mir aber zugestimmt", meinte der Löwe mit honigsüßer Stimme.

„Nun, Gebote sind dazu da, daß sie befolgt werden", sagte der Tiger hartnäckig. „Vor allem, wenn sie von Gott selbst aufgestellt wurden."

„Ja", erwiderte Herr Noah. „Gebote müssen befolgt werden. Aber ihr müßt genau hinhören, was Gott wirklich gesagt hat – und nicht eure eigenen Gesetze dazu erfinden. Gott hätte euch doch nie verboten, euer Baby mitzunehmen!" Er lachte. „Wer hätte sich denn darum kümmern sollen? Ich? Oder etwa Gott?"

„Das habe ich auch gesagt", meinte die Kaninchenfrau.

Nun wandte Herr Noah sich an den Löwen und den Tiger. „Gott hat nämlich nie gesagt, daß nur zwei von jeder Tierart die Arche verlassen dürfen. Er hat mir befohlen, alle Lebewesen aus der Arche herauszulassen, damit sie die Erde bevölkern können. Und genau das habe ich auch getan."

Glücklich und zufrieden ließ er seinen Blick über die Tiere schweifen, die sich auf dem Gras vor ihm drängten.

146

„Meine lieben Freunde", begann er. „Denn ihr seid alle meine Freunde. Wir wollen uns eines merken, und das ist ganz wichtig. Gott geht mit jedem von uns in Zukunft wieder andere Wege. Aber immer begegnet er uns mit der Liebe, mit der er uns vor der großen Flut gerettet hat."

„Und so bist du auch uns begegnet, Herr Noah", erklärte feierlich der Adler, der in den Ästen eines hohen Baumes saß. „Du warst immer um unser Wohlergehen besorgt. Was wir dir verdanken, das können wir nie wiedergutmachen."

Die Tiere stimmten ihm zu, zuerst leise, doch dann erhob sich ein wahrer Sturm der Begeisterung.

In Herrn Noahs Augen glitzerten ein paar Tränen. „Ich habe doch nur getan, was Gott mir aufgetragen hat", sagte er. „Gott segne euch. Jeden einzelnen."

Das Ende ...
und der Anfang

Herr Noah betrachtete die Arche, die auf dem Berg gestrandet war. Sie lag umgekippt auf einer Seite und sah ziemlich ramponiert aus: Der hölzerne Rumpf war vom Wasser ganz fleckig geworden, und auf der Unterseite klebten Muscheln und Seetang. Die Tiere waren schon lange verschwunden, und ringsum war es still. Das einzige, was man noch hörte, war das Plätschern des Wassers.

„Es ist wie ein Traum", sagte Jafet.

„Oder ein Alptraum", meinte Ham.

„Nein", widersprach Herr Noah. „Kein Alptraum."

„Hattest du je Zweifel, ob wir es schaffen würden, Vater?" erkundigte sich Sem.

Herr Noah seufzte. „O ja. Oft. Aber ich hatte unrecht. Ich habe an Gott gezweifelt, und das hätte ich nie tun sollen."

Plötzlich wurde es dunkel, und es fing an zu regnen.

„Gibt es wieder eine neue Flut?" fragte Frau Noah erschrocken.

„Ich weiß es nicht", antwortete ihr Mann. „Was meinst du, Herr?"

„Nein", sagte Gott. „Nie wieder werde ich die

Erde und alles, was darauf lebt, durch eine Flut vernichten. Sieh einmal hoch, Noah."

Herr Noah blickte zum Himmel empor. Da wurden die dunklen Wolken auseinandergetrieben, und die Sonne leuchtete hervor. Herr Noah hielt die Luft an. Denn über ihm spannte sich ein wunderschöner bunter Regenbogen.

„Dieser Regenbogen ist mein Versprechen an dich und an alle, die nach dir leben werden", sagte Gott zu Herrn Noah. „Jedesmal, wenn du einen Regenbogen am Himmel siehst, dann sollst du daran denken, daß ich nie wieder eine Flut schicken werde, um die Erde zu vernichten. Darauf hast du mein Wort."

„Danke, Herr", erwiderte Herr Noah, aber er sah immer noch nicht sehr glücklich aus.

„Kopf hoch, Noah", sagte Gott aufmunternd, „du darfst jetzt ganz neu anfangen."

„Ja, ich weiß", meinte Herr Noah und seufzte schon wieder. „Weißt du, es ist eigenartig. Jetzt, wo alles vorbei ist, da fühle ich mich so lustlos. Die Tiere fehlen mir. Komisch, nicht wahr? Erst wollte ich die Aufgabe gar nicht übernehmen, und auch während der ganzen Reise konnte ich mich nicht so recht dafür begeistern, aber jetzt, wo alles überstanden ist und die Tiere fort sind …"

„Aber sie sind doch gar nicht fort", unterbrach ihn Gott. „Sieh dich doch einmal um."

Herr Noah sah sich um. Unter seinen Füßen wimmelte es von Käfern und anderen Insekten, und von der Haselmaus, die durch das dichte Gras huschte, konnte er gerade noch die Schwanzspitze sehen. Im nahen Teich quakten die Frösche, und ein Biber war damit beschäftigt, im Bach einen neuen Damm zu errichten. Ein Fuchs schlich durchs Unterholz, und in der Ferne konnte Herr Noah die Elefanten bei ihrem abendlichen Bad beobachten. Träge sonnte sich ein Schmetterling auf einer Blüte, und eine Biene summte an seiner Nase vorbei.

„Du hast recht, Gott", sagte Herr Noah, und er klang schon wieder etwas fröhlicher. „Sie sind gar nicht fort."

„Wo sollen wir heute nacht schlafen, Vater?" unterbrach Jafet seine Grübeleien.

„Und wo sollen wir wohnen?" wollte Ham wissen.

Herr Noah lächelte. „Macht euch keine Sorgen", sagte er. „Heute nacht werden wir noch einmal in der Arche schlafen, und morgen fangen wir an, ein neues Haus zu bauen. Wir wollen auch wieder einen Weinberg anlegen." Er blickte seine Frau an. „Was meinst du dazu?"

„O ja", meinte Frau Noah und lächelte ihm aufmunternd zu.

Da tauchte ein großes Tier vor ihnen auf. Es war der Löwe. Hinter ihm war eine ganze Gruppe anderer Tiere zu sehen.

„Herr Noah", begann der Löwe, „entschuldige bitte die Störung. Wir haben gerade eine Versammlung abgehalten, und man hat mir – als dem König der Tiere – den Auftrag erteilt …"

„Nun komm schon zur Sache!" fauchte der Fuchs ungeduldig.

„… den angenehmen Auftrag erteilt, dir für den Bau deines neuen Hauses unsere Dienste anzubieten", fuhr der Löwe fort. „Wir hatten nämlich den Eindruck …"

Herr Noah spürte etwas an seinen Beinen, und als er hinunterblickte, da sah er die Katze, die leise schnurrte.

„Wir haben Übung darin, schwere Sachen hochzuheben", unterbrach die Elefantenfrau.

„Und ich bin Holzexperte", sagte der Biber. „Du brauchst nicht zu befürchten, daß dein neues Haus nicht dicht wäre."

„Ich bin ein guter Lastenträger", meinte der Esel.

„Ich auch", ergänzte das Kamel.

„Wir sind unermüdliche Arbeiter", erklärte die Ameise. „Auch wenn wir nicht viel auf einmal tragen können."

„Wir könnten dir einen Weinberg anlegen", bot sich der Tiger an.

„Und ich sage euch immer, wie spät es ist", krähte der Hahn.

„Ich kann zwischendurch ein paar Witze erzählen", meinte die Giraffe eifrig.

Herr Noah hob die Katze hoch und streichelte ihr über das weiche Fell.

„Wenn du willst", sagte die Spinne, „dann kann ich in den Ecken deines Hauses ein paar Spinnweben spannen."

„Und ich könnte dafür sorgen, daß in deinen Garten etwas Farbe kommt", krächzte der Pfau gnädig und schlug ein wunderschönes Rad.

„Zu etwas anderem bist du auch nicht nütze", meinte das Rhinozeros rundheraus.

„Wir könnten eine Kommission bilden", sagte der Tiger. „Ich wäre bereit, die Arbeitsleitung zu übernehmen."

„Hm …" Der Löwe räusperte sich.

„Vielleicht wäre es gut, wenn es zwei Arbeitsleiter gäbe", meinte Herr Noah diplomatisch.

Er sah sich um. „Ich weiß gar nicht, was ich sagen soll. Vielen Dank euch allen. Vielen, vielen Dank."

Als alle gegangen waren, konnten Herr Noah und seine Familie sich endlich schlafenlegen. Es war eine klare, milde Nacht, und der Mond leuchtete hell. Eine Eule heulte, und durch die Bäume huschten die Fledermäuse.

Herr Noah blickte zum Himmel empor, an dem die Sterne funkelten, und ihm war ganz feierlich und friedlich zumute.

„Danke, Gott", sagte er leise. „Mit deiner Hilfe ist alles möglich."

Dann drehte er sich zufrieden um und war sofort eingeschlafen.

Noch mehr Geschichten aus der Arche

Avril Rowlands
Das Stinktier kann doch nichts dafür

144 Seiten. Fester Einband
Bestell-Nr. 3-7655-6268-8

Herr Noah kann nicht schlafen. Er liegt im Bett und hört auf
den Wind, der draußen tobt, und auf das Schnauben und
Grunzen der Tiere drinnen. Dann redet er mit Gott. „Hör
mal, Herr", sagte er. „Es ist noch nicht zu spät. Für diesen
Job brauchst du einen Raubtierbändiger oder einen Groß-
wildjäger. Ich bin wirklich nicht der richtige Mann für diese
Aufgabe. Ehrlich! Und dann muß ich dir noch etwas sagen,
Herr: Ich habe Angst vor Spinnen, und wir haben zwei Stück
an Bord."

Spinnen sind nicht das einzige Problem von Herrn Noah.
Der Löwe und der Tiger streiten sich ständig, wer auf der
Arche das Sagen hat. Alle Tiere verbünden sich gegen die
Stinktiere, weil sie deren Gesellschaft einfach unerträglich
finden. Und dann sind da noch die Klopfspechte: Ob *sie*
daran schuld sind, daß die Arche an manchen Stellen undicht
wird?

Avril Rowlands erzählt mit viel Humor, wie es auf der
Arche zugegangen sein könnte. Es geht um kleinere und
größere Schwierigkeiten im Miteinander – wie sie nicht nur
bei Tieren auftreten.

BRUNNEN VERLAG GIESSEN

Spannende Jugenbücher

Bob Croson
Nick & Co.
und die geheimnisvolle Autowerkstatt

160 Seiten. Taschenbuch
Bestell-Nr. 3-7655-6282-3

„Jetzt haben wir den Salat!" rief Norman, als der Fußball auf der anderen Seite des Hoftores verschwand. „Den Ball kriegen wir nie wieder."

Nick und seine Freunde haben wirklich Pech. Der griesgrämige Besitzer der Autowerkstatt weigert sich nicht nur, ihren Fußball herauszugeben. Er droht auch an, das Clubhaus zu schließen, in dem sie sich so gern treffen. Nick entwickelt einen genialen Plan, um den Jugendclub zu retten. Doch aus dem Plan wird bald ein spannendes Abendteuer.

Eva Rechlin
Die Nacht der Zugvögel

160 Seiten. Taschenbuch
Bestell-Nr. 3-7655-6269-3

Ephesus ist eine der bedeutendsten Hafenstädte im römischen Imperium um 250 n.Chr. Die Stadt gilt nicht nur als blühender Handelsumschlagplatz und kultureller Mittelpunkt am Rande der Ägäis, sondern auch als Sammelpunkt unterschiedlichster Glaubensgemeinschaften.

So gibt es in Ephesus auch eine bedeutende Christengemeinde. Die junge Dora-Diana, die wohlbehütete Tochter eines angesehenen Arztes, gerät durch ihre Kontakte zu den Christen in turbulente Abenteuer und erlebt Verfolgung und Flucht.

BRUNNEN VERLAG GIESSEN